BEGEGNUNG MIT DEM HORIZONT

FEUERLAND

KAP HOORN

Es gibt am äußersten Ende Südamerikas ein schier endloses Labyrinth von kleinen und größeren Inseln, allesamt Höhenrücken und Gipfel eines untergegangenen Gebirges. Klippen, hoch und steil wie Kirchtürme, streben hinauf, Halbinseln und Landspitzen schieben sich meilenweit ins südliche Eismeer. Dahinter liegen tiefe Fjorde und blauschimmernde Gletscher. Alle paar Minuten stößt die eisige Stirn eines Gletschers unter gewaltigem Getöse weiße Berge von sich.

Hans-Otto Meissner, Rund um Kap Horn

Die zu Tal abgleitenden Gletschermassen der Darwinkordillere schieben sich in Form gewaltiger Eisblöcke und Platten ins Meer.

Auf der Isla de los Lobos im Beaglekanal, der Seelöweninsel nicht weit von Ushuaia.

Eine Landschaft verschneiter Gipfel, majestätischer Fjorde und versteckter Buchten: der Beaglekanal.

BEGEGNUNG MIT DEM HORIZONT

FEUERLAND

KAP HOORN

Fotos Hubert Stadler
Text Michael Neumann-Adrian

Bucher

INHALT

Feuerland, Traumziel für Reisende
auf der Suche nach der
Begegnung mit einer vom Menschen
noch kaum berührten Natur.

REISEN IN FEUERLAND 66
Michael Neumann-Adrian

Seite 1: Skulpturen aus Eis: Gletscherfragmente im Beaglekanal.
Links: Ushuaia mit dem Monte Olivia. – Mitte: Die Lapataiabucht.
Oben: Der Lago Roca im Feuerland-Nationalpark.

Eisige Schmelzwasserbäche durchströmen die Wälder der tiefer gelegenen Regionen. Jenseits der Ushuaia-Bucht die zu Chile gehörende Inselwelt.

Flechtenbewachsene Felsstrände der Bahía Lapataia im Parque Nacional de Tierra del Fuego.

FEUERLAND – AMERIKAS WILDER SÜDEN

AM ENDE DER WELT

Café am Ende der Welt. Museum am Ende der Welt. Land am Ende der Welt. Der Fernstfahrer, der den Panamerican Highway – die *Carretera Panamericana* – vom Alaska-Eis durch die Rocky Mountains, die Sonnenzonen am Äquator und über die andinen Höhen Südamerikas hinter sich gebracht hat, trifft nach knapp 25 000 Kilometern auch auf das Ende der Autobahn. Das letzte Straßenschild steht tief im Süden Feuerlands. Am letzten Parkplatz, an der Lapataiabucht des Parque Nacional de Tierra del Fuego, hinterlassen Globedriver auf einer Lattentafel ihre Namen und die ihrer Heimatländer. Viele kamen aus Alemania.

Eine Gegend für Naturfans, Aussteiger und andere, die Abstand zwischen sich und die fünfeinhalb Menschenmilliarden des späten 20. Jahrhunderts legen wollen. Teilen sich nämlich in Mitteleuropas Industrieregionen 250 bis 1000 Menschen einen Quadratkilometer, wird man im argentinischen Feuerland auch nach dem Jahr 2000 locker immer nur die Finger einer Hand brauchen, um die Köpfe pro Quadratkilometer zu zählen. Das gilt selbst nach der feuerländischen «Bevölkerungsexplosion» der letzten Jahrzehnte. Steuerprivilegien für argentinische Feuerlandeinwohner ließen die Hauptorte Ushuaia und Río Grande so rasch wachsen, daß heute jede Statistik andere Zahlen nennt. Sicher ist, daß sich die Zahl der Feuerländer seit Mitte der sechziger bis Anfang der neunziger Jahre in nur einem Vierteljahrhundert versechsfacht hat. Das klingt schon bedrohlich? Tatsächlich leben aber heute auf einem Gebiet von der Größe Dänemarks weniger Menschen als beispielsweise in der württembergischen Kreisstadt Reutlingen. Konkret bedeutet dies für Feuerland: weniger als zwei Menschen pro Quadratkilometer.

Soviel Stille wirst du so bald nicht wieder erfahren. Fernweh sucht die Länder, die weitab liegen, nicht nach Kilometerzahl und Reisezeit nur, sondern weitab auch von Städten, Luftkreuzen, Asphaltstraßen. Fernweh wirft die Angelschnur mit Schwung um den Erdball. Feuerland: das könnte die Fernweh-Wunschbeute sein.

Nicht erschrecken beim Landeanflug. Eine 1500 Meter hohe Gebirgskette ist zu überfliegen, dann schraubt der Pilot die Maschine auf Höhe Null zu, fegt im Schrägflug über das Städtchen, kommt mit viel Gegenschub zum Stehen. Kurz ist die Piste des Flughafens Ushuaia, und dahinter gleich das graue, antarktische Meer. Ushuaia, das heißt in der Sprache der Yamana, der Ureinwohner, von denen heute keiner mehr lebt, «Ort hinten in der Bucht». Am 12. Oktober 1884 ließ Colonel Augusto Lasserre die argentinische Flagge über der anglikanischen Mission hissen. Argentinien nahm Besitz von seinem wilden Süden, und bis heute wird der Tag als Ushuaias Geburtstag gefeiert. Man wird die Hauptstadt der Provinz «Feuerland, Antarktis und die Inseln des Südatlantik» kaum kränken, wenn man ihr sagt, daß sie das erste Jahrhundert ihrer offiziellen Existenz großenteils verschlafen hat, hinten in der Bucht.

Mit dem Schlaf ist es vorbei. Ushuaia hat ein Wachstumstempo vorgelegt, daß selbst die Zeitschrift des «Instituto Fuegino de Turismo», des Touristenamts von

«Das Feuerland ist ein hohes Land, mit sehr zackigen, nackten Gipfeln», berichtete 1816 Adelbert von Chamisso von seiner Weltentdeckungs-Expedition. Blick vom Garibaldi-Paß auf den Río Olivia und den Gipfel des Monte Olivia.

Klarheit und ruhige Schönheit der feuerländischen Inselwelt: Blick vom Gari-baldi-Paß auf den Lago Escondido. Im Hintergrund der Lago Fagnano, der größte See Feuerlands.

Feuerland, frei heraus und branchenunüblich das urbane Chaos und die Kapitulation der Stadtplanung eingesteht: «Was gebaut wird, reicht nie aus, und infolgedessen entstehen überall eine Menge notdürftiger Unterkünfte. Unglücklicherweise werden sie Ihnen auffallen. Wir empfehlen den Blick auf die Landschaft zu wenden, wo Sie bei jedem Schritt die Chance für ein schönes Foto haben.»

Auch das ist keine Übertreibung. Wie hoch und eisweiß die *Cordillera Darwin* über dem Beaglekanal aufragt, mit den Gletschern bis hinab zur Meeresküste! Wie buchengrün, farnverzaubert der Urwald den Süden Feuerlands überwächst! Das erlebst du so, sagst du dir, nicht einmal in deinem geliebten Norwegen. Du lobst dich selber dafür, daß du die lange Reise aufgenommen hast, und fragst dich, warum du in deinen Kalender schon für den nächsten Tag das Abfahrtsdatum eingetragen hast. Hast du denn die *Estancias* der Schafbarone besucht, von denen eine einzige größer ist als ein Nationalpark in Europa? Willst du nicht die feuerländischen Sommertage erleben, fast endlose Tage, in denen es zur Nacht kaum dunkel wird? Aus den Flüssen trinken, wie du's bei dir daheim schon längst nicht mehr tust? An felsigen Küsten auf Schiffswracks stoßen, Erinnerungen an Magellan und Moby Dick?

DIE HORIZONTE DER ENTDECKER

Magellan sieht man auf einem alten Stich dargestellt, wie er – ein Odysseus unterwegs zu den Gewürzinseln – in Ritterrüstung am Mastbaum seines spanischen Schiffes steht. So beschäftigt mit seinem nautischen Gerät ist der Generalkapitän, daß er kein Auge hat für die Wunder des fremden Meeres um sich her, für einen Vogel Roch, der einen Elefanten durch die Luft trägt, für eine langgeschwänzte Meerjungfrau, für einen Indianer mit Pfeil und Bogen (siehe Seite 19).

Am 10. August 1519 war Magellan, der Portugiese in spanischen Diensten, mit fünf Schiffen vom Guadalquivir aufgebrochen. Im September erreicht er den um diese Jahreszeit noch winterlichen südamerikanischen Kontinent, überwintert in Puerto San Juan, muß schon eine Meuterei niederschlagen. Überliefert ist von dem Chronisten der Magellan-Weltreise die Szene der ersten Begegnung mit den Tehuelche, den großgewachsenen Ureinwohnern Patagoniens. Eine überaus symbolische Szene, wenn die Überlieferung zutrifft: Magellan ließ die Patagonier mit Geschenken überhäufen und einige sogleich in Ketten legen. Die armen Kerle, die kaum wußten, wie ihnen geschah, waren als Geschenk für den König von Spanien bestimmt, starben aber alsbald.

Auf dem Trek-
kingpfad zum Gla-
ciar Martial nörd-
lich von Ushuaia.
An den Hängen
dieses Gletschers
liegt das Skigebiet
der Stadt.

Nie zuvor hatte ein europäischer Kapitän den Entschluß gewagt, so weit südlich zu segeln, wie es Magellan in den folgenden Wochen bei allmählich länger werdenden Tagen tat. Als Vasco da Gama 1498 den Weg nach Indien ums Kap der Guten Hoffnung fand, erreichte er den 35. Grad südlicher Breite. Magellans Flotte mußte hingegen bis über den 52. Grad vordringen, ehe sie in jene Meeresstraße zwischen Atlantik und Pazifik einfahren konnte, die heute auf allen Karten als Magellanstraße eingezeichnet ist. Von den Bewohnern der südlich davon gelegenen großen Insel hat Magellan wohl kcincn gcschen, stattdessen jedoch die Feuer, die sie Tag und Nacht unterhielten. Seit damals heißt die Insel: *Tierra del Fuego*, Feuerland.

Auch wer heute mit dem Flugzeug nach Feuerland reist, hat Zeit genug, sich zu erinnern – an die Entdeckungsgeschichte zum Beispiel, wie man sie in den Schulbüchern gelesen hat. Magellan brauchte einen Monat und neun Tage, um die etwa 600 Kilometer lange Wasserstraße zu durchsegeln. Erst drei Jahre nach der Ausfahrt vom Guadalquivir kehrte eines seiner Schiffe – als einziges – nach Spanien zurück, ohne den Generalkapitän. Magellan hatte bei einer Auseinandersetzung mit Eingeborenen auf der Philippineninsel Maktan das Leben verloren. Auch von den Mannschaften hatte kaum

einer von zehn überlebt. Trotzdem stand auf der Haben-Seite der verlustgebeugten Bilanz: Die Welt nach Magellan war nicht mehr die gleiche. Erstmals war erwiesen: Wer auf den Horizont zugeht, ohne sich in seiner Richtung beirren zu lassen, kommt an den Ausgangspunkt zurück. Denn die Erde ist rund.

Von verschiedenen Seiten betrachtet, sieht dennoch verschieden aus, was sich auf der Erde zuträgt. Am vermuteten Todesort auf Maktan steht seit 100 Jahren ein Magellan-Denkmal zum Ruhme Gottes, Spaniens und des Weltumseglers. Seit 1979 wird es jedoch von einem anderen, gigantisch größeren, goldglänzenden Monument für einen in Europa weithin unbekannten Mann namens Lapulapu überragt. Inschrift: «Dieses Monument markiert den Ort des historischen Kampfes am 27. April 1521, als Lapulapu, der tapfere Häuptling, und dic cingeborenen Krieger von Maktan Ferdinand Magellan und seine Männer schlugen. Diese bescheidene Huldigung eines nationalen Helden ist der philippinischen Jugend gewidmet, damit sie dem Filipino nacheifere, der als erster einer bewaffneten ausländischen Aggression widerstand.»

Der unheiligen Allianz von Militärs, Missionaren und Business-Leuten, die in der Folge der Magellan-Reise auch den Südzipfel Südamerikas nicht verschonte, hat-

17

Fortsetzung Seite 23

*Wasserreiche Berg-
landschaften
prägen das Bild
des Feuerland-
Nationalparks:
Blick auf den
Río Pipo (oben)
und auf die
Laguna Verde
(unten).*

Als der Schriftsteller STEFAN ZWEIG (1881–1942) 1936 auf seiner ersten Überfahrt nach Südamerika in der Schiffsbibliothek stöberte, stieß er auf den Namen Magellan und las von dessen Erdumsegelung. Fasziniert von diesem portugiesischen Seefahrer, der im Jahr 1520 die später nach ihm benannte Magellanstraße nördlich von Feuerland entdeckte, schrieb Zweig schließlich ein Buch über den Abenteurer. Die nachfolgenden Textauszüge schildern die Entdeckung der zerklüfteten Meeresstraße, die den Atlantik mit dem Pazifik verbindet:

DER WEG UM DIE ERDE

Aus Stefan Zweigs Roman «Magellan»

FERDINAND MAGELLANUS.

K einen Augenblick jetzt mehr gezögert! Die Anker gehoben! Die Segel entbreitet! Noch einmal eine Salve zu Ehren des Königs, ein Gebet dem obersten Admiral! Und dann mutig hinein in das Labyrinth! Findet er aus diesen acherontischen Gewässern einen Weg in das andere Meer, dann hat er als Erster den Weg um die Erde gefunden. Und mit allen vier Schiffen steuert Magellan mutig in diesen Kanal, den er zu Ehren des Tags den Kanal Todos los Santos tauft. Aber die Nachwelt wird ihn dankbar die Magellanstraße nennen. Ein sonderbarer, ein gespenstischer Anblick muß es gewesen sein, wie zum erstenmal die vier ersten Schiffe der Menschheit leise und lautlos in diese schweigsame, schwarze, seit ewigen Zeiten noch nie von einem Irdischen befahrene Straße hineingleiten. Ein ungeheures Schweigen erwartet sie. Wie Magnetberge starren metallisch die Hügel am Ufer, dunkel lastet der immer hier verwölkte Himmel, schwarz schattet das Wasser; wie Charons Boot auf den stygischen Gewässern, Schatten zwischen Schatten, so steuern die vier Schiffe schweigsam durch diese Hadeswelt. Von ferne leuchten Berge mit schneeigen Gipfeln, und eisigen Hauch trägt nachts der Wind von ihnen her. Kein Lebewesen zeigt sich rings, und doch müssen Menschen verborgen hier hausen, denn nachts leuchten zur Seite flackernde Feuer im Dunkel, weshalb Magellan dies Land terra de fuego, Feuerland, benennt. [...]

Aber nie, während beklommen die Seefahrer nach allen Seiten spähen, eine Stimme, nie eine bewegte Gestalt; als Magellan einmal Matrosen mit einem Boot ans Ufer sendet, finden sie nicht Haus und nicht Spuren von Leben, sondern nur Wohnstatt von Toten [...].

Nicht im mindesten ähnelt die aufgeschlossene Straße jenem schnurgeraden

Oben: Ferdinand Magellan (um 1480–1521). – Unten: Magellan vor der Küste Feuerlands.

Phantasiekanal, den in ihren bequemen deutschen Stuben die biedern Kosmographen, den Schöner und vor ihm wohl Behaim in ihre Karten gezeichnet haben, und es bedeutet eigentlich bloß einen abkürzenden Euphemismus, die Magellanstraße überhaupt: Straße zu nennen; in Wahrheit stellt sie einen ununterbrochenen Kreuzweg dar, ein zerfetztes, labyrinthisches Gewirr von Windungen und Wendungen, von Buchten, Baien, Fjorden, Sandbänken und verwickelten Wasserdärmen, das Schiffe nur mit größter Kunst und größtem Glück heil zu durchfahren vermögen. In den sonderbarsten Formen spitzen oder ballen sich diese Buchten, unberechenbar in ihrem Tiefgang, in ihrem Ausgang, dicht mit Inseln durchspickt, mit Untiefen besät; dreimal, viermal gabelt sich zur Rechten, zur Linken jedesmal von neuem die Straße und nie weiß man, welche die richtige ist, ob jene nach Westen, nach Norden oder nach Süden. Sandbänke müssen vermieden, Felsen umfahren werden, und immer wieder fegt der feindliche Wind mit plötzlichen Wirbelstößen, den sogenannten «williwaws», durch den unruhigen Sund, [...]. Erst an den vielen Schilderungen der Nachfahren begreift man, warum die Magellanstraße noch für Jahrhunderte den Schrecken aller Seeleute gebildet hat.

[...], am dritten Tag kehrt gehorsam die ausgesandte Schaluppe zurück, und wieder winken schon von ferne die Matrosen wie damals an dem Tage Todos los Santos, da sie den Eingang zur Straße entdeckten. Nun aber – tausendmal wichtiger dies! – haben sie endlich den Ausgang gefunden! Sie haben das Meer, in das dieser Kanal mündet, mit eigenen Augen gesehen, das Mar del Sur, das große unbekannte Meer! [...] Diese eine Minute ist Magellans großer Augenblick, jener Augenblick äußerster und unüberbietbarer Entzückung, wie ihn jeder Mensch in seinem Leben nur einmal erlebt. Alles hat sich erfüllt. Er hat das Wort eingelöst, das er dem Kaiser gegeben. Er hat wahrgemacht, er, der erste und einzige, was Tausende vor ihm nur träumten: er hat den Weg in das andere Meer gefunden.

Im Parque Nacional de Tierra del Fuego: Zu Füßen des Cerro Condor breitet sich das Hochmoorbiotop um den Lago Roca aus.

Das gemäßigt-
kühle und regen-
reiche Klima
Feuerlands hat
eine vielfältige,
fremdartige Vege-
tation geschaffen.

Oben: Die gelbe
Baumschmarot-
zerpflanze bringt
Farbe in das
Immergrün der
Buchenwälder.

Unten: Dichte
Moospolster im
Hochtal des Mar-
tialgletschers.

ten die Feuerländer keinen Lapulapu entgegenzustellen. Drastischer noch als in Fernost und in Nordamerika stießen südlich der Magellanstraße ungleiche Kulturen aufeinander, ungleich in der zivilisatorischen Ausstattung, Mentalität, Motivation. Für die Ureinwohner Feuerlands bedeutete das Ereignis, entdeckt zu werden, den Beginn einer langsamen Ausrottung kultureller Eigenheiten bis hin zum Ende ihrer physischen Existenz.

Noch allerdings hatten die Feuerlandindianer eine Schonfrist. Denn interessant für die Flotten der Spanier und Portugiesen, bald auch der Briten und Niederländer war nicht die sturmumwehte Insel Feuerland *al fin del mundo*, am Ende der Welt, sondern die Passage an ihr vorbei in den Pazifik. Jahrzehnte vergingen, ehe der britische Pirat Francis Drake auch nur die alte Geographen-Mär vom «Südkontinent» widerlegte.

Diese *terra australis* erstreckte sich auf den Weltkarten der Zeit als mächtige, geschlossene Landmasse vom Südpol bis zur Magellanstraße. 1578 hielt Francis Drake Nachschau vor Ort. Von seiner Königin finanziert für eine Kaperfahrt zu den spanischen Kolonien am Pazifik, fand er – nach der Durchquerung der Magellanstraße nach Süden abgetrieben – statt des Südkontinents offenes Meer. Die Kartographen konnten eine neue Segelroute in den Pazifik zeichnen und Feuerlands Umriß als große Insel kenntlich machen.

Einmal, nur wenige Jahre nach Drakes Piratenstück, beschlossen die spanischen Kolonialherren, eine Siedlung an der Magellanstraße zu gründen, um sie gegen britischen Zugriff auf ihr südamerikanisches Goldreich zu sichern. 400 Männer und 30 Frauen sollen es gewesen sein, die sich 1584 nach stürmischer Überfahrt anschickten, südlich der späteren Stadt Punta Arenas am Kap Santa Anna ein Fort – ihrem Herrscher Philipp II. zu Ehren «Rey Felipe» benannt – und am Ostausgang der Magellanstraße ein zweites «Nombre de Jesus» aufzubauen. Die Kolonisten hatten Kanonen, aber gegen Hunger und Skorbut hatten sie zuwenig vorgesorgt. Als 1586 wieder ein britischer Pirat durch die Magellanstraße kreuzte, Thomas Cavendish, soll er hinter den Palisaden nur noch einen Überlebenden gefunden haben. Er taufte den Ort auf den Namen Puerto Hambre um, Hungerhafen, und so heißt er, sandüberweht, heute noch. Auf einen Gedenkstein, der an das glücklose Fort erinnert, steht lakonisch: «Hier war Spanien».

KANN EIN MENSCH DEM TIERE NÄHER SEIN?

Den abschreckenden Vorhang aus Nebelschwaden, Sturmböen, Hagelschauerwänden, hinter dem sich die Insel vor der Außenwelt verbarg, begann erst das Jahrhundert der europäischen Aufklärung beiseite zu zie-

hen. Dem Zeitalter der Abenteurer und Beutemacher folgte eine Ära der Forscher. Teil deren Auftrags war auch: den kolonialen Besitzstand systematisch zu erfassen und neue Regionen zu erkunden. Spanische, französische, britische Expeditionen stachen in See, unterwegs auch nach Feuerland: Antonio de Cueva, Louis Antoine de Bougainville, Captain James Cook. Der Brite Cook hat auf seiner ersten Reise 1768 bis 1771 beiläufig Australien für das britische Königreich eingeheimst.

An Bord von Cooks «Endeavour» waren bei der zweiten Ausfahrt 1772 zwei Deutsche, die als erste Weltum-

segler ihrer Nation namhaft zu machen sind: der junge Georg Forster und sein Vater, ein zum Naturforscher avancierter Dorfpfarrer. Georg Forster, Jahrgang 1754, ist hochbegabt: Mit dreizehn nimmt er die Anerkennung einer wissenschaftlichen Gesellschaft in London entgegen, für seine Übersetzung von Lomonossows «Kurze russische Geschichte» ins Englische. Als Siebzehnjähriger geht er als Gehilfe des Vaters an Bord von Cooks Forschungsschiff und schreibt nach der Rückkehr «A Voyage Round the World». Dieses erstaunliche Werk wird zum Muster einer neuen Art von Reisebeschreibung werden, gerühmt von den besten Köpfen der Zeit. Denn Georg Forster interessiert sich – in einer Weise, die damals neu war – für die Menschen, denen er auf der Drei-Jahres-

Reise begegnet, für ihr soziales Verhalten und für die Abhängigkeit kultureller Entwicklung von der Umwelt. Mit den Feuerlandindianern aber tut Forster sich schwer.

Verwunderung, Erschrecken, Mitleid und auch Abscheu: So zwiespältig gemischt und zutiefst verständnislos war seine Reaktion auf die ersten Begegnungen mit ihnen. In ihren Baumrindenkanus, in denen sie auf Steinen dauernd ein Feuer unterhielten, ruderten die kleinwüchsigen, olivenbraunen Indianer an die Segelschiffe der Fremden heran – «allein, statt wie alle anderen Nationen in der Süd-See gemeiniglich unter lautem Jauchzen, oder wenigstens mit frohem Zuruf angezogen zu kommen, ging bei diesen hier alles in der tiefsten Stille zu. ... Auf vielfältiges Zuwinken kamen etliche von diesen Leuten ins Schiff; doch ließen sie nicht das geringste Zeichen von Freude blicken, schienen auch ganz ohne Neugierde zu sein. ... Ihr einziges elendes Kleidungsstück bestand in einem kleinen Seehundsfell, welches vermittelst einer Schnur um den Hals befestigt war. Sonst gingen sie ganz nackend, ohne auf das, was Anständigkeit und Ehrbarkeit bei uns fordern würden, die geringste Rücksicht zu nehmen.»

So stark verunsichert diese Fremdartigkeit den jungen Forster, daß ihm in die faktengetreue Aufzeichnung seiner Beobachtungen immer wieder abwehrende Emotion einfließt und die Irritation durch das Fremde ihn zu Urteilen hinreißt, die sich als vorschnell erweisen mußten. «Überhaupt war ihr Charakter die seltsamste Mischung von Dummheit, Gleichgültigkeit und Untätigkeit!», schreibt er, und – man achte auf den unüberhörbar gekränkten Unterton verletzten Selbstgefühls –: «Sie schienen unsere Überlegenheit und unsre Vorzüge gar nicht zu fühlen, denn sie bezeigten auch nicht ein einzigesmal, nur mit der geringsten Gebärde, die Bewunderung, welche das Schiff und alle darin vorhandenen großen und merkwürdigen Gegenstände bei allen übrigen Wilden zu erregen pflegten! Dem Tiere näher und mithin unglückseliger kann aber wohl kein Mensch sein, als derjenige, dem es, bei der unangenehmsten körperlichen Empfindung von Kälte und Blöße, gleichwohl so sehr an Verstand und Überlegung fehlt, daß er kein Mittel weiß, sich dagegen zu schützen?»

Diese «Wilden», die gleichgültig gegenüber Dingen der zivilisierten Welt sind, auch unfähig, ihren Wert einigermaßen zu erkennen, zeigen auch «nicht den mindesten Unterschied des Standes, weder Oberherrschaft noch Abhängigkeit». Georg Forster folgert: «Wahrscheinlich ... machen sie keine selbständige Nation aus, sondern sind nur als einzelne, von den benachbarten Völkerschaften ausgestoßene Familien anzusehen, die

durch ihren Aufenthalt im ödesten, unfruchtbarsten Teil von Tierra del Fuego fast jeden Begriff verloren haben, der nicht mit den dringendsten Bedürfnissen in unmittelbarer Verbindung steht.» Schließlich zitiert er noch die Nachrichten holländischer Seefahrer, die an den südlichen Küsten Feuerlands lebenden Indianer seien «wirkliche Menschenfresser».

60 Jahre später – in Paris hat die *grande révolution* stattgefunden, Napoleons Aufstieg und Fall ist schon Geschichte, Goethe stirbt in diesem Jahr 1832 – ist wieder ein britisches Forschungsschiff nach Feuerland unterwegs. An Bord der «Beagle». Charles Darwin, mit dreiundzwanzig Jahren fast genauso jung wie damals Georg Forster. Was Darwin nach der Rückkehr berichtet, bestätigt Forsters Zeugnis. Bei den Wollastoninseln beobachtet Darwin in einem Kanu «die verächtlichsten und elendesten Geschöpfe, die ich irgendwo gesehen habe. ... Diese Feuerländer waren völlig nackt, und selbst eine ganz erwachsene Frau war absolut nackt. ... Erblickt man solche Menschen, so kann man kaum glauben, daß sie unsere Mitgeschöpfe und Bewohner einer und derselben Welt sind.»

Darwin, später mit seiner Theorie von der «Entstehung der Arten durch natürliche Zuchtwahl» einer der großen geistigen Beweger und Veränderer des Jahrhun-

derts, hat ausführlich über die Feuerländer berichtet und mehrere in ihrem Körperbau voneinander abweichende Rassen unterschieden. Sein Kommentar zu der teils schwarzen, teils weißen Körperbemalung und dem Federschmuck der Indianer an der Success Bay an der Ostspitze Feuerlands ist bar jeden wirklichen Verstehens: «Die Gesellschaft war durchaus den Teufeln ähnlich, welche in Stücken wie «Freischütz» auf die Bühne kommen.» Und zur Sprache merkt er an: «Die Sprache dieser Leute verdient nach unseren Begriffen kaum, artikuliert genannt zu werden.»

DER «INDIO BLANCO»: FEUERLANDS UNGEKRÖNTER KÖNIG

Sie wären verschollen in den Tiefen der Geschichte wie so viele Völker, von denen nur noch die Namen und vielleicht ein Bündel mißverstandener Überlieferungen übrig sind. Das wäre das Schicksal der feuerländischen Indianer, hätten wir nicht die Bücher von Thomas Bridges und seinem Sohn E. Lucas Bridges. Wer die Wassernomaden Alaculuf und Yamana (von Bridges «Yagan» genannt) und die Festlandindianer Ona kennenlernen will, kommt an Lucas Bridges' Werk «Uttermost Part of the Earth» nicht vorbei. Vater und Sohn Bridges waren

Grellrote, im Stil der alten Holzbäuser gehaltene Busstation in Ushuaia, der Hauptstadt von Feuerland. Im Hintergrund die Werks- und Lagerhallen internationaler Firmen, die von der hier geltenden Steuerbefreiung profitieren.

Das Stadtbild von Ushuaia ist von einer recht schlichten Bedarfsarchitektur geprägt. Fertigbäuser aus Beton, Holzbaracken und Lagerhallen gruppieren sich um die bescheidene Kirche dieser Pionierstadt des ausgehenden 20. Jahrhunderts.

nicht die einzigen europäischen Yamana-Kenner, aber sie haben anderen seriösen Ethnologen wie dem italienischen Salesianer-Pater Alberto Agostini und dem Schlesier Martin Gusinde, Mitglied der Steyler Missionare, etwas Entscheidendes voraus. Sie können vom Leben der Feuerlandindianer aus der Zeit vor dem Beginn des Genozids berichten.

Don Lucas galt in der ersten Hälfte des 20. Jahrhunderts als ein «weißer Häuptling» und ungekrönter König der Feuerlandindianer. 1874 wurde er in der erst drei Jahre zuvor eingerichteten Missionsstation Ushuaia geboren. Sein Vater, der Reverend Thomas Bridges, Jahrgang 1843, als Dreizehnjähriger auf die Falklandinseln gekommen, lernte als erster Europäer die Sprache der Yamana. Später erinnert er sich an dieses mühselige Unterfangen: «Es ist anfangs geradezu unmöglich, die korrekte Artikulierung einer neuen Sprache von den Lippen eines Wilden zu erfassen. Er kann die Worte seiner eigenen Sprache nicht langsam und deutlich aussprechen, bevor man es ihn gelehrt hat. Oft habe ich die Indianer Worte so lange wiederholen lassen – und ich habe mich dafür geschämt –, daß sie mich für schwerhörig hielten.»

Nach abenteuerlichen Schicksalen des Manuskripts wurde das «Yamana-English Dictionary» 1933 in Mödling bei Wien gedruckt, ein Schatz von über 23 000 Wörtern. «Unvergleichlich reicher und ausdrucksstärker als das Englische oder Spanische» hat Lucas Bridges die Yamana-Sprache genannt; er selbst sprach sie schon als Kind und nennt als Beispiel, daß Yamana-Indianer nicht weniger als fünf Wörter für «Schnee» haben.

Nicht nur in ihren sprachlichen Fähigkeiten habe Darwin die Yamana grob unterschätzt. Ein «schockierender Fehler», erklärt Lucas Bridges, sei die von Darwin wiederholte Behauptung, die Feuerlandindianer seien Kannibalen. Im Gegenteil verspeise kein Yamana auch nur ein Tier, das möglicherweise von einem menschlichen Leichnam gefressen habe, etwa einen Geier oder einen Fuchs, selbst wenn in winterlichen Schlechtwetterperioden der Fischfang unmöglich war, und die Hungernden sich von nichts anderem als von Dornen und im schlimmsten Fall von ihren Mokassins nähren konnten. Sarkastisch schildert der mit indianischer Sprache und Kultur bestens vertraute Bridges die Szene, wie drei an Bord des Schiffes «Beagle» gebrachte junge Yamana über die vorgeblichen Menschenfresser-Gewohnheiten ihres Volkes ausgefragt wurden:

«Auf Befragen werden die beiden jungen Männer (die dritte entführte Person war ein neunjähriges Mädchen, Anm. des Übersetzers) sich nicht im mindesten die Mühe gemacht haben, wahrheitsgemäß zu antworten, sondern nur die Auskunft gegeben haben, die nach ihrem Eindruck erwartet oder gewünscht war. Anfangs werden

ihnen schon wegen ihrer beschränkten Englischkenntnis keinerlei längere Erklärungen möglich gewesen sein, und wir wissen ja, daß die Antwort «Ja» viel leichter fällt als die Antwort «Nein». So waren die Auskünfte der jungen Männer und des kleinen Mädchens eigentlich nur Bestätigungen zu Suggestivfragen.

Wir können uns ihre Reaktion gut vorstellen, wenn ihnen eine lächerliche Frage gestellt wurde, in der Art: «Tötet Ihr Menschen, um sie zu essen?»

Sicher waren sie erst verwirrt, aber wenn die Befragung wiederholt wurde, sie die Bedeutung zu erfassen

begannen und auch die erwartete Antwort, stimmten sie natürlich zu. Der Befrager fuhr dann etwa so fort: «Was für Leute eßt ihr?»

Keine Antwort.

«Eßt ihr böse Leute?»

«Ja.»

«Wenn keine bösen Leute da sind, was dann?»

Keine Antwort.

«Eßt ihr eure alten Frauen?»

«Ja.»

War dieses Spiel erst einmal in Gang gekommen und die Kenntnis des Englischen verbessert, werden die jungen Leute sich ermutigt gefühlt haben, daß ihre Aussagen so rasch für bare Münze genommen wurden, und

sie werden ohne Gewissensbisse begonnen haben, die Geschichte auszuschmücken. Wir hören, wie sie mit vielen Einzelheiten das Verzehren der im Kampf getöteten Feinde beschrieben und wie – wenn es keine solchen Opfer gab – alte Frauen verspeist wurden. Auf die Frage, ob sie bei Hungersnöten Hunde äßen, verneinten sie das, denn Hunde seien nützlich bei der Otterjagd, während alte Frauen zu nichts gut seien. Diese Unglücklichen, erzählten sie, würden in dicken Rauch gesetzt, bis sie erstickten. Das Fleisch sei sehr gut.

Sobald diese erbauliche Mär erst einmal für wahr genommen wurde, war in der Folge jeder Versuch, sie zu widerrufen, unglaubwürdig – weil offenbar mit wachsendem Abstand von den schrecklichen Gewohnheiten, an denen sie früher beteiligt waren, auch der Widerwillen wuchs, sie zu bekennen. Um so mehr ließen die jungen Geschichtenerzähler ihrer Phantasie die Zügel schießen und übertrafen sich gegenseitig mit immer tolleren Berichten.»

Auch wenn die Yamana keine Kannibalen waren – als Missionar nach Feuerland zu gehen, war um die Mitte des vorigen Jahrhunderts lebensgefährlich. Seit Magellans Zeiten waren die Begegnungen der Indianer mit Europäern zumeist gewalttätig verlaufen. Schätzten akademisch gebildete Forscher die «Wilden» für nicht viel anderes als Tiere ein, warum sollten Robbenfänger, Waljäger oder Schiffbrüchige zögern, sie zu erschlagen? Umgekehrt fielen auch Missionare mit den menschenfreundlichsten Absichten unversehens Gewalttätigkeiten von indianischer Seite zum Opfer.

Thomas Bridges, den eigentlichen Gründer von Ushuaia, und seine junge Frau Mary nach alledem mutig, selbstlos und überdurchschnittlich lebenstüchtig zu nennen, ist eher ein britisches *understatement* als eine Übertreibung. Rechtens schreibt ihr Sohn Lucas der Mutter den «Geist der Florence Nightingale» zu. Binnen 20 Jahren gelang den beiden Anglikanern mit wenigen Helfern eine Reform der materiellen wie der geistigen Yamana-Kultur. Siedlungen mit Gärten, Feldern und Vieh entstanden. Ohne Polizeimacht und ohne Drohung mit Höllenstrafen, aber oft unter riskantem Einsatz der eigenen Person war es Thomas Bridges gelungen, Mord und Totschlag zu verhindern und unter den «Wilden» ein christliches Bewußtsein von Recht und Unrecht anstelle von Sippenhaftung und blutiger Vergeltung auszubreiten. Alle Zeugnisse deuten darauf hin, daß Bridges nicht zu jenen gehörte, die im Hochgefühl eigener kultureller Überlegenheit den primitiven «Wilden» ihre Kultur nehmen wollen. In der Missionsstation Ushuaia wurden sie nicht in europäische Kleidung gepreßt, nicht ihren Riten und Gebräuchen entfremdet.

Trotzdem kam es schon in Ushuaia zu einer Katastrophe. 1884, im selben Jahr, in dem der argentinische Staat

Fortsetzung Seite 37

Hell beleuchtet erstrahlt die Stadt Ushuaia in der Dunkelheit; während der Hälfte des Jahres ist die Tageshelligkeit auf gerade fünf Stunden beschränkt.

*In der Zeit von 1918 bis 1924 unternahm
der Theologe und Völkerkundler Martin
Gusinde vier ausgedehnte Reisen nach
Feuerland, auf denen er Material über die
dem Untergang geweihten indianischen
Kulturen sammelte (siehe auch Seite 44).
Die beiden vorliegenden Mythen stammen
aus dieser einzigartigen Sammlung und
demonstrieren anschaulich, wie die in-
dianische Vorstellung vom Werden und
Sinn der Welt und die Stellung des Menschen in ihr mythologisch verankert sind:*

DIE EMPFINDLICHE BRILLENIBISFRAU

Es war in alter Zeit. Wieder einmal
nahte der Frühling. Da schaute ein
Mann aus seiner Hütte hinaus und sah, wie
eine Brillenibisfrau soeben über seine
Hütte hinwegflog. Darüber freute sich
dieser Mann gar sehr und schrie zu den anderen Hütten hinüber: «Eine Brillenibis
fliegt soeben über meine Hütte hinweg.
Schaut her!» Als die andern Leute das hör-
ten, stürzten sie aus ihren Hütten heraus
und schrien laut: «Nun ist der Frühling
wieder da. Schon fliegen die Brilleni-
bisse!» Sie sprangen vor Freude und unterhielten sich laut.

Die Brillenibisfrau ist aber sehr zartfüh-
lend und empfindlich, sie will besonders
vornehm behandelt werden. Als nun jene
Männer, Weiber und Kinder so laut und
lange schrien, hörte sie diesen Lärm und
erregte sich darüber sehr. Tief beleidigt
ließ sie in ihrem Zorn plötzlich einen dichten Schneesturm kommen, der von star-
kem Frost und viel Eis begleitet war. Seitdem fiel Schnee und immer wieder Schnee
durch ganze Monate. Andauernd fiel
Schnee, und die ganze Erde bedeckte sich
mit Eis; denn es herrschte auch eine sehr
empfindliche Kälte. In allen Wasserstra-
ßen gefror das Wasser.

Da starben viele, viele Menschen; denn sie
konnten ihre Kanus nicht besteigen und
nicht ausfahren, um Nahrung zu suchen.
Nicht einmal die Wohnhütten konnten sie
verlassen, um Brennholz zu sammeln;
denn überall lag sehr viel Schnee. Immer
mehr Menschen starben.

Endlich nach langer, langer Zeit hörte der
Schneefall auf. Bald darauf kam eine sehr
starke Sonne. Sie brannte so kräftig, daß
alles Eis und der viele Schnee schmolzen,
die ganze Erde war bis hoch über die Berg-
spitzen damit bedeckt. Da floß sehr viel
Wasser in die Kanäle und ins Meer. Diese
Sonne leuchtete so heiß, daß die Bergspit-
zen verbrannten und bis heute kahl daste-
hen. Auch die Eisdecke über den breiten
und schmalen Wasserarmen schmolz.

VON SONNE, EIS UND SCHNEE

Mythen der Feuerlandindianer

So konnten die Leute endlich wieder ans
Ufer gehen und ihre Kanus besteigen, um
Nahrung zu suchen. In den großen Berg-
halden und tiefen Tälern jedoch hielt sich
das dicke Eis bis auf den heutigen Tag;
denn es war zu dick, als daß jene starke
Sonne es hätte zum Schmelzen bringen
können. [...]

Seit jener Zeit behandeln die Yamana jede
Brillenibissin mit höchster Ehrfurcht.
Wenn sie sich den Hütten nähert, halten
die Leute sich schweigsam und still, vor
allem beschwichtigen sie die kleinen Kinder, daß sie nicht schreien.

AASGEIER UND KORMORAN

Erzählt von Pascual Loyux

Kwaičin [«der große Aasgeier»] war ein
Mann des kalten Südens und ein
mächtiger Medizinmann. So kalt ist es in
seiner Heimat, daß alles Wasser dort dauernd gefroren bleibt. Oft fror ihm selber
das Mark in den eigenen Knochen ein. Er
war ein großer Schwätzer, immer lag er mit
jemand im Wortstreit. Gleichzeitig aber
war er ein gefürchteter Ringkämpfer, denn
er besaß außerordentliche Kraft.

Als es wieder einmal in seiner Heimat sehr
kalt geworden war, kam er hierher in unser
Land. Sogleich verspürte er Lust, mit je-
mandem von hier in den Kampf zu treten.
Keyaišk [«der große Kormoran»] stellte sich
ihm als Gegner. Der galt hier als der beste
Kämpfer, doch war er viel kleiner als
Kwaičin. Sie kamen aneinander und faß-
ten sich. Kwaičin stemmte sich gewaltig
gegen des Gegners Brust, er umschlang
seine Hüften und bog seinen Oberkörper
so weit nach hinten, daß dessen Rückgrat
brach. Seitdem zeigen die Kormorane eine
merkwürdig steife Haltung. Aber Keyaišk
hatte mit der einen Hand seinen Gegner an
der Gurgel zu fassen bekommen. Er zog
ihm diese sehr lang, daß alles Blut aus den
Adern verschwand. Mit der andern Hand
zerrte er wütend an dessen Haarschopf
und riß ihm ein dichtes Haarbüschel aus.
Seitdem hat Kwaičin einen kahlen, runze-
ligen Kopf.

Keiner siegte in diesem Ringen. Aber
Kwaičin ärgerte sich sehr. Vorher hatte
er laut geprahlt, er würde jeden Gegner
niederringen. Vergrämt und beschämt än-
derte er jetzt seinen Namen; nun heißt er
Karkai. Immer noch besitzt er großen Ein-
fluß auf das Wetter. Wenn immer er es will,
ruft er dichten Schnee und eisigen Wind
aus dem Süden, wo er beheimatet ist.

*Feuerlandindianer auf Fotografien von Martin
Gusinde (um 1920). Oben: Mutter mit Säugling.
Unten: Anfertigung eines Pfeiles.*

Windverformte Bäume in einem Flußtal bei Harberton, Wahrzeichen einer rauhen Natur.

Kahle, von hellen Krustenflechten überwucherte Gehölze bilden wahre Geisterwälder im Inneren Zentralfeuerlands.

Düstere Urlandschaft nahe der Estancia Harberton am Beaglekanal.

Der erst 1830 ent-
deckte Beaglekan-
nal, Grenzgewässer
zwischen Argenti-
nien und Chile, ist
ein großartiges
Naturreservat.
Seine wetterge-
schützten Inseln
bieten Seelöwen
und Kormoranen
einen idealen
Lebensraum.

Die von Fischen,
Krebsen, Muscheln
und Weichtieren
übervollen Gewäs-
ser sind uner-
schöpfliche Futter-
gründe der größe-
ren Meerestiere.
Wie aufgeteilt zwi-
schen Seelöwen
und Kormoranen
erscheint diese
Klippe. Auf ihren
glatten Felsplatten
tummelt sich eine
Gruppe von Mäh-
nenrobben (eine
Seelöwenart), ein
Bulle inmitten sei-
nes Harems.

seinen Anspruch auf die Region erhob und eine Flotte von vier Schiffen nach Ushuaia schickte, um diesen Anspruch mit der Staatsfahne zu unterstreichen, wurde eine ansteckende Krankheit eingeschleppt. Ob eine Typhuserkrankung, ob doch Masern, wie es sich später erwies – die Yamana starben schneller, als Gräber für sie ausgehoben werden konnten. Unglaublich kräftig, ungleich widerstandsfähiger gegen Kälte und Entbehrungen als Europäer und auch nach ernsten Verletzungen fast wunderbar schnell geheilt, hatten sie diesen Infektionen keinen körpereigenen Abwehrmechanismus entgegenzusetzen.

Thomas Bridges faßte einen radikalen Entschluß. Lebensklug genug, wie man ihn aus seiner Arbeit schon kennengelernt hat, sah er die Folgen der argentinischen Landnahme voraus: Ob mit der Bibel, ob mit der Schnapsflasche oder mit dem Gewehr, die europäische Zivilisation konnte weder die Yamana noch die Alaculuf oder die Ona unbehelligt lassen. Begreiflich, daß der anglikanische Missionar in der Bibel die bessere Alternative sah. Außergewöhnlich war dann allerdings sein Bruch mit der *South American Missionary Society.* Bridges plante, entfernt von dem traurig entvölkerten Ort Ushuaia eine neue Station zu gründen, in der die feuerländischen Ureinwohner auch sozial auf die Konfrontation mit den Segnungen der Zivilisation vorbereitet werden konnten.

Sie waren mit ihren steinzeitlichen Geräten großartige Jäger und Fischer, Scouts von einer Orientierungsfähigkeit, die auch Lucas Bridges immer wieder verblüffte, ihre «Medizinmänner» verstanden sich auf physische wie psychische Therapie. Aber sie brauchten Hilfe, um nicht hoffnungslos ausgebeutet und mit Alkohol und Prostitution ruiniert zu werden. Die Frauen der «Wassernomaden» hatten schon seit je das härteste Leben. Sie tauchten – während die Männer nicht einmal schwimmen lernten – nach Muscheln, und wenn das Kanu landete, pflegten die Männer von Bord zu gehen, die Frauen aber hatten die Aufgabe, noch einmal hinauszurudern, um das Boot am Kelp, den meterlangen Algengewächsen, festzumachen und dann durch die kalte Flut zurückzuschwimmen.

Dem menschenfreundlichen Plan verweigerte sich das Komitee der anglikanischen Kirche in London und wollte Bridges nur geistliche Arbeit gestatten; seine Antwort war der Rücktritt von allen Ämtern. Bei der argentinischen Regierung erhielt er jedoch die Unterstützung, die er brauchte; der Staat überließ ihm ein Gelände von rund 50 000 Acres für die Gründung der neuen Siedlung Harberton. Man kann sie noch heute besuchen, nur etwa eine halbe Autostunde von Ushuaia, und findet einen friedlichen Ort am Beaglekanal, mit einem Farmgebäude, das noch immer altenglisch anmutet. Das über-

Auf der Vogelinsel im Beaglekanal liegen die Nistplätze unzähliger Kormorane, die man auf einer Fahrt mit dem Ausflugsschiff aus der Nähe betrachten kann.

rascht nicht, wenn man erfährt, daß Thomas Bridges sich das Haus in England hatte bauen und in Einzelteilen übers Meer transportieren lassen, um es schließlich mit der Hilfe von Yamana-Indianern aufzurichten.

STRAFGEFANGENE, GOLDGRÄBER, SCHAFBARONE

Nach Thomas und Lucas Bridges' Modell wäre Feuerland zu Beginn des 20. Jahrhunderts der friedliche Süden Argentiniens geworden. Andere sorgten dafür, daß die große Insel noch lange Amerikas wilder Süden blieb.

Schon im Feuerland-Szenario des 19. Jahrhunderts markierten gewalttätige Aktionen die Entwicklung: eine Meuterei von Verbannten, ein ermordeter Gouverneur, Ausrottungszüge gegen die indianischen Ureinwohner. Die chilenische Gründung Punta Arenas («sandiges Kap») wurde von der Regierung in Santiago mit Strafgefangenen beschickt – zu wenige Siedler fanden sich bereit, das rauhe Land zu bebauen. Die wenigen, die es wagten, waren unter den Opfern, als 1851 die Gefangenen ausbrachen, die Militärstation rebellierte und der Gouverneur kurzerhand erschossen wurde. Sein Nachfolger, der aus Deutschland stammende Naturforscher Bernhard Philippi, der sich in der Heimat schon als Berater von Auswanderungswilligen hervorgetan hatte, packte die Sache besser an. Er stieß auf Kohlelager, die wirtschaftlichen Aufschwung erhoffen ließen, und suchte friedliche Kontakte mit den Ureinwohnern. Tragisches Mißgeschick, vermutlich durch ein Mißverständnis ausgelöst: Auf einer seiner Fahrten durchs Land wurde Philippi von Indianern getötet.

Robbenschlachterei zur Pelzgewinnung, die Versorgung der Segelschiffe, die Punta Arenas anliefen – es waren nicht sehr viele, die meisten segelten von Europa nonstop zu ihren Zielen an der pazifischen Küste – und gelegentliche Bergung von Schiffswracks brachten nur begrenzten Wohlstand. In den siebziger Jahren schien die Stunde des großen Reichtums geschlagen zu haben: Gold war gefunden worden, ein Goldrausch wie anno 1848 in Kalifornien schien dem Land beschert zu werden. Glücksritter schifften sich in Scharen ein. Eine der schon nicht mehr zwielichtigen, sondern eindeutig kriminellen Gestalten: Julio Popper, studierter Ingenieur, gebürtig aus Bukarest.

Popper war kein gewöhnlicher Krimineller. Demagogisch, finanziell und technisch begabt, hatte er das Zeug zu einem kleinen Diktator, zumindest zum Bandenchef. Knapp dreißigjährig hatte er die halbe Welt gesehen, wurde von einer Goldschürffirma nach Patagonien geschickt und zog von dort nach Feuerland weiter, in die Bahía San Sebastián. Mit einem Räuberhaufen von an die 100, nach anderen Quellen 500 Gefolgsleuten beu-

Oben, Mitte und unten: Magellan-pinguine am Beaglekanal. Die geselligen Tiere legen ihren Partnern und ihrem Nachwuchs gegenüber eine ausgeprägte Fürsorglichkeit an den Tag. Die Jungen, die innerhalb kurzer Zeit ausgewachsen sind, werden von den Eltern von Schnabel zu Schnabel gefüttert.

Fortsetzung Seite 46

Die Ruta Tres, der argentinische Teil des Panamerican Highway auf der Höhe des Lago Fagnano; im sanften Abendlicht geben selbst die von den durchfahrenden Autos aufgewirbelten Staubwolken der Landschaft eine malerische Note.

Düster und geheimnisvoll wirkt der abendstille Beaglekanal vor den schroffen Bergen der chilenischen Uferseite – hier der Blick auf die Isla Hoste.

Höhepunkt einer Schiffsfahrt in den abgeschiedenen Fjorden des Beaglekanals: die unmittelbare Konfrontation mit den gewaltigen Eisbergabbrüchen.

«Bergeshöhen an Vorurteilen und Mißtrauen gegen die verhaßten Weißen mußte ich abtragen, bevor die geängstigten und oft enttäuschten Indianer verstehen lernten, daß es auch einige gerechte und wohlmeinende Europäer

seine Darstellung das feuerländische Familienleben christlich milde verklärt. Nicht nur Polygamie wird retuschiert, auch die Gewalttätigkeit im sozialen Miteinander und die Ausbeutung der Frauen. Solche Schönung zu «edlen Wilden» mag

Die Aufnahmen des Ethnologen Martin Gusinde sind einzigartige Forschungsdokumente zur Ethnographie der Feuerlandindianer. Oben links: Pilzsammlerin. Oben rechts: Selk'nam-Familie.

Unten links: Indianerfrau beim Drehen einer Schnur. – Unten Mitte: Gusinde als Prüfling bei der Yamana-Jugendweihe. – Unten rechts: Junger Mann der Alaculuf beim Befestigen einer Speerspitze (alle Fotografien um 1920).

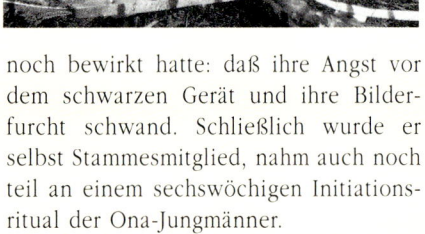

gibt.» Dem gebürtigen Breslauer Martin Gusinde (1886–1969) ist in seinem langen Forscherleben noch viel mehr als das gelungen. Mediziner, Anthropologe, Theologe (Mitglied der «Steyler Missionare»), vor allem aber Ethnologe, hat er in Süd- und Nordamerika, in Afrika und Asien Feldforschung betrieben. Martin Gusinde unternahm vier ausgedehnte und intensive Reisen nach Feuerland. Immer in seinem Gepäck: die Kamera.
Bis heute sind an die tausend Negative erhalten, ein ganz einzig dastehendes Dokument der Ona, Yamana und Alaculuf vor ihrem Verschwinden von der Erde. «Mank-'acen», den Schattenfänger, nannten die Indianer Martin Gusinde, der auch das

noch bewirkt hatte: daß ihre Angst vor dem schwarzen Gerät und ihre Bilderfurcht schwand. Schließlich wurde er selbst Stammesmitglied, nahm auch noch teil an einem sechswöchigen Initiationsritual der Ona-Jungmänner.
Gusindes Forscherkarriere lief gegen den normalen Strich: Erst nach seiner Rückkehr aus Feuerland im Jahr 1924 begann er an der Wiener Universität das Ethnologie-Studium, konnte schon nach vier Semestern promovieren und veröffentlichte in den folgenden Jahren vier große, mächtig materialreiche Bände über die Feuerlandindianer.
Kritik an dem «Schattenfänger»-Professor kann man üben: beispielsweise, wenn

als Gegenreaktion auf die jahrhundertelange Verunglimpfung der Feuerlandindianer motiviert sein. Das Verdienst Gusindes um die autochthone Kultur der Feuerländer kann jedenfalls nicht hoch genug eingeschätzt werden. Auf seinen ersten Posten nach Santiago de Chile berufen, hatte er sich zunächst mit den Araukanern beschäftigt. In letzter Stunde vor dem Untergang erforschte er dann die Kultur der Feuerlandindianer und bewahrte sie vor dem Vergessen. Dank ihm überdauern auch jene Mythen und Märchen, in denen sich die von den Feuerländern damals noch gelebte existentielle Nähe von Mensch, Tier und aller Natur mitteilt.
Michael Neumann-Adrian

Oben und unten:
Die Estancia Har-
berton oberhalb
des Beaglekanals.
Mit ihrer Grün-
dung im Jahr 1886
ist sie die älteste
Schaffarm des
argentinischen
Teils von Feuer-
land. Heute finden
hier Führungen
statt, die einen
Eindruck vom
Leben und Arbei-
ten auf einer
Estancia ver-
mitteln.

tete er die Goldlager von Páramo aus und machte sich zur Goldwäsche eine eigens konstruierte Apparatur zunutze, die mit Ebbe und Flut arbeitete. Wahrheit oder Legende, über ganz Feuerland soll er ein Netz von Schürfstellen unterhalten, eine eigene Polizeitruppe beschäftigt, schließlich auch eigene Briefmarken gedruckt und feuerländische Goldmünzen geprägt haben.

Gefährlich wurde Popper, als die Goldausbeute nachließ: Jetzt machte er Jagd auf die Feuerlandindianer. Aus dem Besitz von Martin Gusinde, der die Kultur der aussterbenden Feuerlandindianer in den zwanziger Jahren unseres Jahrhunderts erforschte (siehe Seite 44), ist eine Fotografie erhalten, die Popper bei seiner mörderischen Arbeit zeigt. Dazu Gusinde mit dem Zorn des Gerechten: «Hatte er doch die Abgebrühtheit aufgebracht, mit dem Gewehr im Anschlag und gleichgesinnte Mordbuben befehligend, während der Metzelei selber ein fotografisches Bild anfertigen zu lassen: Im Vordergrund liegt die Leiche des überwundenen Mannes, während die fliehenden Frauen und Kinder zum Ziel für die Flinten genommen werden; er selber beobachtet das Niedersinken der tödlich Verwundeten!»

Die Auftraggeber dieser Aktionen, die Genozid-Ausmaße annahmen, blieben im Hintergrund. Es waren die Eigner der Schaffarmen, die das «weiße Gold» Patago-niens und Feuerlands einbrachten: die Wolle. Seit 1878 der erste Schaftransport von den Falklandinseln eingetroffen war, hatte sich Schafzucht weit vor allem anderen zum wichtigsten Erwerbszweig entwickelt. Manche Schafbarone konnten Ländereien so groß wie europäische Fürstentümer erwerben. Eines der größten Schaf-Imperien gründete José Menéndez, Handelsherr in Punta Arenas, mit *Estancias* im chilenischen wie im argentinischen Feuerland.

Wie bei den nordamerikanischen Rinder-Ranchern war der Konflikt der Schaffarmer mit den Feuerlandindianern, vor allem den im Norden der Insel lebenden Ona, fast unvermeidlich, nur ist die feuerländische Indianertragödie nicht in zahllosen Filmen dargestellt worden. Die Indianer sollten in ihren Jagdgründen nicht mehr jagen dürfen und holten sich statt der Guanakos hin und wieder ein Schaf. Seitens der Regierungen hatten sie keinerlei Hilfe, kein Reservat war ihnen zugestanden. Nur bei den wenigen Missionsstationen fanden sie allenfalls Zuflucht, bei den Salesianer-Patern nordwestlich von Río Grande und – im chilenischen Teil – auf der Isla Dawson, wo die Salesianer gleichfalls eine Station hatten. Niemand hinderte daher auch die Schaffarmer, Jagd auf die Indianer zu machen, wenn sie es für nötig hielten. Und sie hielten es für nötig.

Den Menschenjäger Julio Popper zwar hatte man schon 1893 tot neben seinem Bett aufgefunden, erst 36 Jahre alt. Aber es fehlte auch im neuen Jahrhundert nicht an skrupellosen Schlächtern. Lucas Bridges begegnete einem gewissen Mr. McInch, der zuvor unter Kitchener in Afrika gedient und soeben 14 wehrlose Ona erschossen hatte. Einen «sehr humanitären Akt» nannte McInch das, denn diese Menschen würden ihr Leben nie in der Nachbarschaft der Weißen leben können. Es sei eine Grausamkeit, sie auf einer Missionsstation gefangenzuhalten, wo sie vor Verlangen nach ihrer Freiheit oder an irgendeiner Krankheit zugrunde gehen würden. Je früher sie getötet würden, desto besser für sie.

Die Masern-Epidemien der Jahre 1924 und 1929 rafften die meisten dahin, die McInch und Genossen überlebt hatten. Gegenüber den sieben- bis neuntausend Ureinwohnern, die nach Lucas Bridges' Schätzung um die Mitte des vorigen Jahrhunderts lebten, waren 1947 nicht einmal mehr 150 am Leben.

DIE TOURISTEN KOMMEN

Der erste, der Kap Hoorn überflog, war der Deutsche Günther Plüschow, einer der Pioniere der Luftbildfotografie, der mit dem Kameramann Ernst Dreblow schon Ende der zwanziger Jahre die ersten Filme der Feuerland-Natur produzierte. «Wie ein unvorstellbar schöner Traum, völlig wolkenfrei unter leuchtend blauem Himmel, liegt vor und unter mir das ganze, in Eis und Schnee und Gletschern und grünen Wäldern schimmernde und glitzernde Feuerland» («Silberkondor über Feuerland»). Einziger Wermutstropfen in all der Fliegerbegeisterung: «Könnten wir doch auch all diese Farben mit in unsere Kästen einfangen!» – aber der Farbfilm war noch im Experimentierstadium, noch nicht flugtauglich.

Trotz Weltwirtschaftskrise kamen zur gleichen Zeit erstmals Kreuzfahrten nach Feuerland in Mode. Albert Pagels, einer der deutschen Marineoffiziere, die – wie der später weltberühmte «Seeteufel» Graf Luckner – im Ersten Weltkrieg gegen die britische Flotte um Kap Hoorn Kaperkrieg geführt hatten, machte den Lotsen und führte die Touristen aller Länder auf den Siebzehn- und Achtzehntausend-Tonnen-Kreuzfahrtdampfern in den Agostini- und den Martínez-Fjord mit den «größten Naturschönheiten».

In Punta Arenas «gingen die Mittelstandsbürger auf ein paar Stunden an Land, kauften Andenken, Indianerpfeile, Pelze und gingen auch ins Hotel Kosmos. Die reichen Engländer und Amerikaner bleiben an Bord, sehen vornehm auf den Hafen hinunter. Sehr oft machen

Von Wind und
Wetter verformte,
flechtenüberzogene
Bäume am Ufer
einer kleinen
Bucht des Beagle-
kanals im Feuer-
land-Nationalpark.

sie als alte Leute die letzte große Reise ihres Lebens, um auch einmal Kap Hoorn gesehen zu haben.»

Solche Distanz vornehmen Hinunterblickens aufzuheben, wird man in Feuerland immer wieder aufgefordert. «Es wohnen nur so wenige Menschen in der unermeßlichen Pampa, längs der magellanischen Küste und in den Kanälen und Fjorden des Westens, daß jeder dem Durchziehenden die Tür öffnen muß, denn es ist weit und breit keine andere Tür da», kann man in Jean Delabordes und Helmut Loofs Buch «Am Rande der Welt» lesen, «aber es geschieht hier mit einer solchen spontanen Selbstverständlichkeit, einer solch einfachen Freundlichkeit – in den Blockhütten der Hirten wie in den reichsten *Estancias* –, daß die Erinnerung an diese Gastfreundschaft sicher die schönste ist, die man vom Ende der Welt mitnimmt. *¡Su casa!* – Ihr Haus! Sie sind hier zu Hause! – diese Worte hört man immer, wie eine rituelle Formel, bei jedem Empfang.»

1960 öffnete Argentinien seinen Parque Nacional de Tierra del Fuego und damit eine neue Ära, die dem Besucher ermöglicht, in Feuerlands Natur auf eigene Faust unterwegs zu sein und doch nicht ohne Weg und Steg, Quartier und Verpflegung. Wer ganz auf sich allein gestellt Wildnis erfahren will, dem bleibt noch immer im Osten die Península Mitre ...

Seit Jahren werden Gruppen- und Studienreisen von Europa aus organisiert, und manche führen ihre Teilnehmer wirklich zu einer «Begegnung mit dem Horizont». Aber je mehr wir von Feuerland wissen, desto mehr erscheint es uns als Augenwischerei und Bärendienst am Touristen, wenn die Programme der Studienreisen zu wenig Zeit für das Erlebnis Feuerland veranschlagen. So liest sich der Sechs-Zeilen-Feuerland-Tag einer dreiwöchigen Reise zu Argentiniens Nationalparks: Stadtrundgang durch Punta Arenas, vielleicht ein Besuch im Salesianer-Museum, mit dem Bus die Magellanstraße entlang, Feuerland möglicherweise im Blick, und gleich weiter nach Río Gallegos, zum Weiterflug nach Buenos Aires. Bei solchem Tempo purzeln die Prospektinformationen über die 10 000-Mark-Reise denn auch durcheinander: Plötzlich liegt «Ushuaia, die südlichste Stadt der Welt, im Nationalpark Feuerland» – als ob man einem Bayernbesucher weismachen wollte, Passau läge im Nationalpark Bayerischer Wald. Aber selbst dem gründlicher vorbereiteten Feuerlandreisenden kommt angesichts der mangelhaften Literatur ein Stoßseufzer über die Lippen: «Unzuverlässig die Zahlenangaben, ebenso die historischen Daten, jeweils verschieden geschrieben sind die Namen von Personen, Orten und anderes mehr. ... Was Feuerland betrifft, die Provinz Magallanes und das südliche Patagonien, auf nichts kann sich der Interessent verlassen.» (Hans-Otto Meissner in «Rund um Kap Horn»)

DAS WEISSE GOLD

Die Schafzucht ist noch immer ein bedeutender Wirtschaftsfaktor Feuerlands. Exportiert wird vor allem die Wolle, das weiße Gold.

D as Klima im Norden Feuerlands läßt die Wolle wachsen: Schert man ein Schaf nicht, erreicht sie binnen weniger Jahre eine Länge von über 60 Zentimeter. Gäste, die einer solchen riesigen lebenden Wollkugel ansichtig wurden, befanden erstaunt, sie habe «etwas vom Yak, der Fülle des Vlieses wegen, und etwas von einem Schwan, wegen der daunenweichen Weiße». Ob heute auf den rund 100 großen *Estancias* 3,5 Millionen oder gar, wie man schwarz auf weiß lesen kann, 25 Millionen Schafe leben? Jedenfalls treiben die *Peones* sie einmal im Jahr zur Schur. Die Scherer, die als Wanderarbeiter unterwegs sind, brauchten in den gemächlichen Zeiten von einst noch 20 bis 30 Minuten für ein Schaf. Heute reisen sie mit Charterflugzeugen und elektrischen Scheren an und kommen mit nur zwei Minuten oder noch weniger für ein Schaf aus. Vier Stun-

Im Frühjahr, wenn die Schur erfolgt, herrscht Hochbetrieb auf den Estancias – hier auf der Estancia José Menéndez bei Río Grande.

den wird im Akkord gearbeitet, anschließend vier Stunden ausgeruht, ein Job, der auf die Knochen geht.

Auf der Estancia Maria Behety, westlich von Río Grande, kann man die größte Halle für die Schafschur sehen, mit Platz für 40 Scherer. Als größte Schafzuchtfarm gilt jedoch die Estancia Sara, nordwestlich von Río Grande. Südwestlich der Stadt liegt Feuerlands älteste Schaffarm, die Estancia José Menéndez, auch «La Primera Argentina» genannt; sie wurde in mehrere kleinere Betriebe aufgeteilt. Seit die Umsätze im Geschäft mit Wolle und Lammfleisch zurückgegangen sind, engagieren sich mehr und mehr *Estancias* auch im Tourismus, organisieren Angelausflüge und bieten Reiterferien. Trotzdem führen Schafzüchterfamilien und ihre *Peones* noch immer ein Leben fernab. «Was der Estanciero am meisten liebt, ist die Einsamkeit. Was er am meisten haßt, ist die Einsamkeit», sagt man in Feuerland.

Michael Neumann-Adrian

Im Hügelland am Ufer des Río Grande liegt die traditionsreiche Estancia José Menéndez, auch «La Premiera Argentina» genannt.

FRIEDENSVERTRAG MIT DER NATUR

Über welchen grünen Winkel der Welt kann man sprechen, ohne die akute Bedrohung der Landschaft und ihrer natürlichen Bewohner zu konstatieren? Das Ökosystem Feuerland macht da keine Ausnahme. Die Abholzung von Wäldern, die Jagd auf Mensch und Tier bis zu ihrer Ausrottung, die Verunglimpfung der Steppe mit Öltürmen hat auch vor den Grenzen Feuerlands nicht halt gemacht. Freilich, das Herzstück, der Süden der großen Insel, blieb bisher noch vorm ultimativen Um-

weltsündenfall bewahrt. Um den Schutz der Pinguine, der Guanakos, der Kondore wird gerungen.

Obenan auf der Notliste stehen die großen Meeressäugetiere, die See-Elefanten, Wale und Robben. Seit undenklichen Zeiten paaren sich Wale vor der patagonischen Küste, Glattwale, Buckelwale, Blauwale wandern bis zur Antarktis. Der Blauwal, der an die 30 Meter lang wird und ein Gewicht von bis zu 170 Tonnen erreichen kann, gilt als das größte Tier, das je gelebt hat. Wann wird man lesen müssen: Der Blauwal *war* das größte Tier, das je gelebt hat? Auf der Roten Liste der *International Union for the Conservation of Nature* (IUCN) steht bei seinem Namen der Buchstabe E. Das E bedeutet «endangered», vom Aussterben bedroht.

Den berühmtesten aller Walfänger-Romane schrieb der amerikanische Seemann und Schriftsteller Herman Melville und machte sich in diesem Buch zu Kapitän Ahab und dem weißen Wal Moby Dick schon damals, im Jahr 1851, seine ökologischen Gedanken: «Noch eine weitere Frage erhebt sich, eine Frage, die von den nachdenklicheren unter den Waljägern oft erörtert wird. Dank den kläräugigen Ausguckern im Mast all der Walfänger, die neuerdings bis in die Beringstraße vordringen und denen selbst die entlegensten Winkel und Geheimfächer der Welt nicht entgehen, schwirren auf allen Meeren die Harpunen und Lanzen zu Tausenden, und es fragt sich, ob der Walfisch auf die Dauer einem so ausgedehnten und unerbittlichen Vernichtungsfeldzug standhalten kann, ohne ausgerottet zu werden; ob nicht früher oder später einmal der letzte Wal, wie dereinst der letzte Mensch, auf dem letzten Loch blasen und dann ins Nichts zerflattern wird.»

Melville freilich, zur Mitte des vorigen Jahrhunderts, setzte hoffnungsgewiß auf die Weite der Weltmeere und die Langlebigkeit der Wale. Die mörderische Effizienz moderner Walfängerflotten lag außerhalb seiner Vorstellungskraft. «... aus all diesen Erwägungen geht hervor», steht in «Moby Dick» als Fazit, «daß der Walfisch als Gattung unsterblich ist, so vergänglich auch das Einzelwesen sein mag. Er zog durchs Meer, ehe noch die Erdteile daraus aufgetaucht waren, er zog einst seine Bahn, wo jetzt die Tuilerien stehen, Schloß Windsor und der Kreml. Bei der Sintflut verschmähte er Noahs Arche, und wenn die Welt abermals überschwemmt werden sollte, wie die Niederlande, um das Ungeziefer zu vertilgen, dann wird auch das dem Wal nichts anhaben können; auf dem höchsten Wogenschwall der Flut wird er sich aufbäumen und trotzig den gischtigen Strahl zum Himmel emporschleudern.»

1993 schleuderten dagegen die Vertreter Japans und Norwegens trotzig der Internationalen Walfangkommission ihre Austrittsdrohung entgegen, für den Fall, daß das erst 1986 eingeführte und ohnehin eingeschränkt geltende Walfangverbot nicht aufgehoben werde.

«Unspoilt nature», unverdorbene Natur – das ist längst schon eine Werbeformel der Tourismusindustrie, deren gescheitere Vertreter sehr wohl um das Dilemma solcher Werbung wissen. Je mehr Touristen, desto verdorbener die Natur, das gilt selbst bei den sanftesten Absichten, sobald die ökologisch zumutbare Touristenzahl überschritten ist.

Drei Jahrzehnte sind erst vergangen, seit die beiden Völkerkundler Jean Delaborde und Helmut Loofs in ihrem Buch «Am Rande der Welt» den Tourismus in Feuerland so beschrieben – und sich mit ihrer Prophezeiung gründlich irrten: «Es gibt dort weder ... gepflasterte Straßen noch Hotelpaläste, nur rein «funktionelle»

Friedhof auf der Estancia Harberton. Die großen, auf sich selbst gestellten, abgelegenen Estancias sind Welten für sich: So besitzen sie etwa eine eigene Schule, eine Kirche, einen Friedhof und sogar einen eigenen Arzt.

Fortsetzung Seite 60

Heute können Touristen auf den großen Schaffarmen, etwa auf der Estancia José Menéndez, Urlaub auf dem Bauernhof «à la Argentina» machen. Im Bild das Verwaltungsgebäude.

Die Salesianermission nördlich von Río Grande. In der 1897 errichteten Kapelle befand sich bis vor kurzem ein Regionalmuseum zur Kultur der Feuerlandindianer, das inzwischen in einem Nachbargebäude untergebracht ist.

Moose, Flechten und Sumpfgräser: In den Hochmooren des Landesinneren finden sich zahlreiche, nur hier vorkommende niedere Vegetationsformen. Nicht weit von der Estancia Harberton.

Stromschnellen des Río Pipo. In den klaren Flüssen Feuerlands gibt es hervorragende Angelmöglichkeiten. Aus den fischreichen Gewässern lassen sich mit etwas Anglerglück beispielsweise stattliche Forellen von einem Gewicht bis zu 15 Kilogramm erbeuten.

21. Dezember. – Die «Beagle» machte sich auf den Weg; am folgenden Tag dicht bei den Barnevelts, von einer schönen Ostbrise begünstigt, vorübersegelnd und am Cap Deceit mit seinen felsigen Piks vorüberlaufend, umschifften wir ungefähr um drei Uhr das stürmische Kap Horn. Der Abend war ruhig und klar, und wir genossen einen schönen Anblick auf die umgebenden Inseln. Das Kap Horn indes forderte seinen Tribut und schickte uns noch vor der Nacht einen Sturm gerade in die Zähne. Wir wendeten nach der See hinaus und am zweiten Tage wieder dem Lande zu, wo wir an unserer Windseite dieses berüchtigte Vorgebirge in seiner eigentümlichen Form sahen, von Nebel verschleiert, und seine undeutlichen Umrisse von einem Wind und Wasser führenden Sturm umgeben. Große schwarze Wolken rollten quer über den Himmel, und Stürze von Regen mit Hagel wehten mit solcher äußersten Heftigkeit an uns vorüber, daß der Kapitän sich entschloß, in Wigwam Cove einzulaufen. Dies ist ein niedlicher kleiner Hafen nicht weit vom Kap Horn, und hier ankerten wir am heiligen Christabend in ruhigem Wasser. Das einzige, was uns an den Sturm außerhalb erinnerte, war alle Augenblicke ein heftiger Windstoß vom Berge, welcher das vor Anker liegende Schiff rollen machte. [...]

29. Januar. – Zeitig am Morgen kamen wir an dem Punkt an, wo sich der Beagle-Kanal in zwei Arme teilt. Wir fuhren in den

MIT DER «BEAGLE» NACH FEUERLAND

Aus Charles Darwins «Reise um die Welt»

Porträt Darwins (Holzstich, um 1865).

Der britische Naturforscher CHARLES ROBERT DARWIN (1809–1882) war mit an Bord der «Beagle», dem Forschungsschiff der Königin Victoria, das 1831 zu einer fünfjährigen Reise um die Welt auslief. Diese Weltumsegelung führte ihn auch nach Patagonien und Feuerland. In seinem Tagebuch beschreibt Darwin das stürmische Kap Hoorn und die faszinierende feuerländische Landschaft.

nördlichen ein. Die Szenerie wird hier selbst noch großartiger als vorher. Die hohen Berge an der nördlichen Seite bilden das Rückgrat des Landes und steigen kühn bis zu einer Höhe von zwischen drei- und viertausend Fuß an, mit einem Pik von über sechstausend Fuß Höhe. Sie sind mit einem weißen Mantel ewigen Schnees bedeckt, und zahlreiche Wasserfälle ergießen das Wasser durch die Wälder in die schmalen Kanäle darunter. An vielen Stellen erstrecken sich prachtvolle Gletscher von der Seite der Berge bis an den Rand des Wassers.

Als wir die westliche Mündung dieses nördlichen Armes des Beagle-Kanals erreicht hatten, segelten wir zwischen vielen unbekannten, öden Inseln hin, und das Wetter war elendiglich schlecht. Wir begegneten keinen Eingeborenen. Die Küste war beinahe überall so steil, daß wir mehrere Male viele Meilen zu rudern hatten, ehe wir Platz genug finden konnten, unsere Zelte aufzuschlagen; die eine Nacht schliefen wir auf großen runden erratischen Blöcken, zwischen denen faulendes Seegras lag. Und als die Flut stieg, mußten wir aufstehen und unsere Decken entfernen. Der weiteste Punkt nach Westen, den wir erreichten, war die Stewart-Insel, eine Entfernung von ungefähr 150 Meilen von unserem Schiff. Wir kehrten in den Beagle-Kanal durch den südlichen Arm zurück und fuhren dann ohne Abenteuer zurück nach Ponsonby Sound.

Die «Beagle» durchsegelt den nach ihr benannten Kanal im Feuerland-Archipel (zeitgenössisches Aquarell von Conrad Martens).

Gleich riesigen Spinnweben überwuchern bizarre Flechtenvorhänge Äste und Stämme der Bäume im Inneren Zentralfeuerlands.

Wege von einer Estancia zur anderen und hier und da eine traurige baufällige Wellblechbaracke, der man allerdings den Namen «Hotel» geben muß, denn er steht – meist mit den schönsten Schnörkeln – an ihrer brüchigen Fassade. Vielleicht treten Patagonien und Feuerland erst zu einer Zeit in die Touristenära ein, in der der Mensch schon der Erde müde geworden ist und seine Ferien längst in noch weiteren Fernen auf einem leicht zu erreichenden milden Planeten verbringt, den man zu diesem Zwecke annektiert hat.»

Der Mensch wird der Erde nicht müde, so lange auf ihr noch Regionen der Ursprünglichkeit übrig sind. Stärker als das utopische Verlangen nach Urlaubsplaneten weitab von Mutter Erde ist die Sehnsucht nach irdischen Landschaften, in denen man Natur so erleben kann, wie sie schon vor der Ankunft des Menschen lebendig war. Feuerland ist ein guter Ort, um sich von den Zivilisationswüsten des 20. Jahrhunderts zu erholen, von Parkhäusern, Schnellstraßen, Gebrauchtwagenplätzen, Fastfood-Lokalen.

Ausgebreitet zu Füßen der Gletschergebirge, kann die ungestörte Stille der immergrünen Wälder, das Wasserglitzern der Meeresbuchten, Fjorde, Flüsse und Seen, der dramatische Wechsel von Wind und Wolken dem Besucher zumindest für einige Wochen zum eigenen Lebensraum werden. Mit dem Zelt unterwegs oder zur Nacht in einfachen Herbergen, sammelt man eine neue Erfahrung der Schöpfung, die einem bis dahin unbekannt geblieben war.

Vielleicht begreift man in dieser Landschaft am Ende der Welt auch besser als irgendwo sonst, was das biblische Gebot sagt: «Seid fruchtbar und mehret euch und füllet die Erde und macht sie euch untertan, und herrschet über die Fische im Meer und die Vögel des Himmels, über das Vieh und alle Tiere, die auf der Erde sich regen! Ich gebe euch alles Kraut, das Samen trägt, auf der ganzen Erde, und alle Bäume, an denen samenhaltige Früchte sind; das soll eure Speise sein.» Von Ausrottung ist nicht die Rede, herrschen heißt weder vergewaltigen noch austilgen.

Statt nur immer weiter mißzuverstehen und die Natur zu mißbrauchen, täte man gut daran, einen Friedensvertrag mit ihr zu schließen – zum Besten beider, der Natur und des Menschen, der ein Teil von ihr ist und vielleicht doch nicht viel anderes als der patagonische Postflieger Fabien über den Andengipfeln, wie ihn der Schriftsteller Antoine de Saint-Exupéry in seinem «Nachtflug» geradezu hymnisch beschwor: ein Staubkorn, das von der Luft getragen aufsteigt und schleierzart an den Schneegraten der Kordillere entlangtreibt.

Die Laguna Negra im Parque Nacional de Tierra del Fuego. Langsam wird die dunkle Wasserfläche des Moorsees von gelb und rot leuchtenden Moosen überdeckt. Im Hintergrund der Gipfel des Cerro Condor.

STÜRME, WRACKS UND WINDJAMMER
Die Kap-Hoorn-Saga

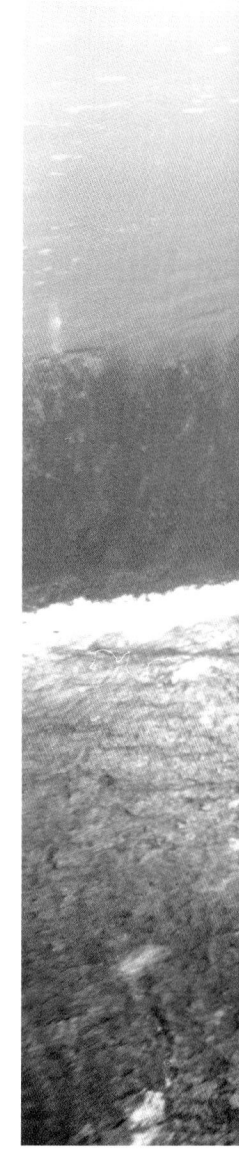

Es waren die glorreichen, die gräßlichen Zeiten der Segelschiffe, in denen rund um Kap Hoorn nach dem «Armstrong Patent» geschuftet wurde – nämlich: mit starken Armen statt mit Maschinenkraft. Der Kap Hoornier Hermann Piening war in den zwanziger Jahren im Dienst der renommierten Hamburger Reederei Kapitän der letzten großen Laeisz-Segler «Peking» und «Padua». Piening hat berichtet, wie er auf seiner ersten Hoorn-Umrundung 1905 am Spill auf Deck hocken und eisern Tauwerk festhalten mußte, auch wenn beim Segelsetzen schwere Brecher über die Reling stürzten und die eisige Flut über ihn hinwegging – «ich war noch froh, wenn ich, schon halb erstickt, den Kopf über das gurgelnde Wasser bekam und das salzige Zeug aus Mund und Nase spucken konnte. Und immer diese Kälte! Taube Finger, tropfendes Ölzeug, beide Handgelenke und der Nacken aufgeschürft von dem dauernden Reiben des harten Ölzeugs, die Fingergelenke mit blutigen Schrunden aufgerissen. Unfälle und Knochenbrüche waren an der Tagesordnung.»

Die christliche Seefahrt war auch anderswo auf den sieben Meeren kein Sonntagsvergnügen. Für die Kapitäne und Mannschaften der *Windjammer* und *Limejuicer* – so hießen die «deep water sailing ships» wegen der Zitronensaft-Rationen, die als Anti-Skorbut-Mittel ausgegeben wurden – bedeutete Kap Hoorn aber unbestritten «the toughest bit of sailing in any part of the world» (das zäheste Stück Segeln auf der ganzen Welt). Denn um diesen etwa acht Kilometer langen Felsenrücken auf der Isla de Hornos südlich der Südspitze des amerikanischen Kontinents toben Winde von Stärke elf und zwölf, und die Kap-Hoorn-Stürme sind weniger berechenbar und wechseln rascher die Richtung als irgendwo sonst. Die kurze Tageshelligkeit in den Wintermonaten, die Gefahr durch Eisberge, die Klippen und Riffe der Le-Maire-Straße und der südchilenischen Inseln verschärften das Risiko noch, machten die See um Kap Hoorn zum «nassen Schlachtfeld».

Wer weiß noch, daß es als gute Leistung angesehen wurde, wenn ein Schiff auf der Route von Europa zu den chilenischen Häfen, also in der schwierigeren Ost-West-Richtung, die Hoorn-Umrundung in drei Wochen schaffte? Nicht etwa die ganze Reise, nur die Hoorn-Umrundung!

Die Rekordumrundung gelang erst im Jahr 1938 dem deutschen Kapitän Adolf Hauth mit dem 3100-Tonnen-Segler «Priwall»: in fünf Tagen und 14 Stunden vom 50. Breitengrad im Atlanik zum 50. Breitengrad im Pazifik. Der letzte Rekord von knapp sieben Tagen datierte von 1884 ... An Bord hatte Kapitän Hauth außer der regulären Besatzung 55 Seekadetten.

Wie damals üblich, wurde die «Priwall» zugleich als Fracht- und als Schulschiff eingesetzt. Sie war nicht einmal eines der schnellsten Schiffe. Wie erklärte sich dann der Rekord? Der Kap Hoornier Alan Villiers, einer der verläßlichsten Kap-Hoorn-Experten, urteilt: «Es war schlicht und einfach gutes Segeln in einer großen Tradition – ein Kapitän, der den besten Weg erkannte, um die ungewöhnlich günstigen Windbedingungen zu nutzen, und genau damit zum Erfolg kam.»

Mit dem Glück, das auch die Besten brauchen, spürte Alan Villiers in den sechziger

Jahren in einer Werkhalle im englischen Middlesex, beim Flughafen Heathrow, Tausende von Logbüchern auf, darunter Hunderte von «deep water sailing ships» vom Anfang des 20. Jahrhunderts. Von den damals rund 5000 größeren Segelschiffen der Handelsflotten waren nach Villiers Schätzung jährlich rund 400 auf der Route um Kap Hoorn unterwegs. Über sie schrieb er sein Buch «The War with Cape Horn» – über die Schiffe, über die Arbeitsbedingungen der Mannschaften, über die Opfer, die Kap Hoorn, das «Kap der Schrecken», forderte. Jährlich gingen dort etwa sechs bis zwölf Schiffe spurlos verloren. Andere strandeten oder konnten mit schweren Schäden an Takelage und Schiffskörper mit letzter Kraft gerade noch den nächsten Hafen erreichen.

Im Winter des Jahres 1905, der noch böseres Wetter brachte als sonst schon üblich, mußten rund ein halbes hundert Schiffe zu den Falklandinseln oder nach Montevideo zurücksegeln, bevor sie einen zweiten Versuch wagten. Ein Dutzend Kapitäne wußte keinen anderen Ausweg als den längsten: Sie wendeten schließlich ihr Schiff und steuerten auf Ostkurs ihr Ziel von der anderen Seite her an, auf der langen Route südlich von Kap Hoorn und Australien, wo auf die «Roaring Forties», die beständigen Westwinde südlich vom 40. Breitengrad, Verlaß war.
Wie vertrackte Zuschneidemuster sind mit zahllosen Kreuz- und Querlinien die nachgezeichneten Kurse der Kap-Hoorn-Umrundungen anzusehen. Auch zehn Wochen und noch länger kreuzte manches Schiff,

bevor es das Kap hinter sich gebracht hatte – zehn Wochen in Kälte und Sturm, in denen man leicht über Bord gehen, schnell von einer herunterbrechenden Rah erschlagen werden oder beim Segelreffen aus der Takelage stürzen konnte. Andere wurden von Sturzseen so heftig über das Deck geschleudert, daß sie von ihren Kameraden nur noch tot oder mit zerschmetterten Gliedern geborgen wurden, lagen verkrüppelt oder mit schweren Erfrierungen unter Deck. Nur wer eine schier eiserne Konstitution hatte, überlebte das wochenlange Warten, bis im Hafen ärztliche Behandlung möglich wurde. Fast jedes Logbuch enthält Todesnachrichten, gar nicht selten auch von Frauen; etliche Schiffseigner gestatteten dem Kapitän, seine Ehegattin an Bord zu nehmen.

Wenn einer 36mal Kap Hoorn umrundet hat, versteht er offensichtlich etwas von der Sache. Dies sind die Ratschläge, die Kapitän T.C. Fearon nach vier Jahrzehnten zur See zu geben hatte – scheinbar sehr naheliegende, aber von seinen Kollegen

selbst große Fünfmaster – wie die «Potosi» – nicht viel mehr als 4000 Tonnen. Absurd genug: Selbst in einer Kalme, in einer Windstille, gingen Schiffe verloren. So gewaltig liefen im Jahre 1885 zwei sich kreuzende Dünungen nach einem Ost-

keineswegs immer befolgte Ratschläge: «Bereite dich gründlich vor auf den Kampf, der bevorsteht; kontrolliere die Takelage, setze die besten Segel;
sorge rechtzeitig für die Rettungsleinen («lifelines») an Deck;
achte darauf, daß alle Aufgänge und andere Decköffnungen gesichert sind;
vergewissere dich, daß die Mannschaft gute und warme Kleidung hat; ernähre die Männer gut, mit viel heißem Kaffee, sorge für gute Öfen unter Deck –
und wenn du das alles getan hast, setze soviel Segel wie möglich, jederzeit. Schone weder die Mannschaft noch dich selber. Wenn du die Segelfläche verringern mußtest, setze die Segel sofort wieder, wenn der Wind abnimmt, gleich ob es Tag oder Nacht ist. Wichtig ist, jeden Augenblick zu nutzen, wenn du segeln kannst.»
In der langen Geschichte menschlicher Arbeit, in der es immer wieder darum ging, die Hilfsmittel und Werkzeuge so perfekt wie nur möglich zu gestalten, zählen die Kap-Hoorn-Schiffe, versichern ihre Bewunderer, zu den wenigen wirklich großartig geglückten Schöpfungen, nahezu einzigartig in der Verbindung von Nutzbarkeit, Seetüchtigkeit und funktionaler Schönheit.
Menschlichem Versagen der Kapitäne und Mannschaften kann trotzdem nicht die Alleinschuld am Tod so vieler Seeleute um Kap Hoorn zugeschoben werden. Nußschalenklein waren diese Schiffe im Vergleich zu den Tankern und Containerschiffen hundert Jahre später. In der Regel maßen sie weniger als 3000 Tonnen, und

und einem Nordsturm auf, daß sie das ohne Ladung segelnde Schiff «Ellenbank» vor Kap Hoorn zum Kentern bringen konnten – weil die stabilisierende Kraft des Windes fehlte. Ein Überlebender wurde gerettet: Es war der Kapitän, allein auf dem kieloben treibenden Schiff.
Getreide, Kohle, Salpeter und nicht zuletzt der Guano von der chilenischen Küste, der als stickstoffreicher Dünger in Europas Landwirtschaft gebraucht wurde, solange Kunstdünger noch nicht den Markt erobert hatte, waren wichtigste Massengüter der Segler. Ihre Energiekosten lagen bei Null, und die Heuer für die

Drei Aufnahmen von der spektakulären Kap-Hoorn-Umrundung im Faltboot durch Arved Fuchs und Rainer Neuber. Links oben und unten: Im Lager erholen sich die beiden von den Strapazen des Tages. Rechts: Kap Hoorn vom Faltboot aus. Oben: Kochende See an der Südspitze Südamerikas.

Mannschaften war erbärmlich schmal. So konnten sie lange mit den Frachtraten der schnelleren, pünktlicheren Dampfschiffe konkurrieren.

Die Böllerschüsse zur Eröffnung des Panamakanals am 15. August 1914 waren das Signal für das Ende der Windjammer-Ära. Schon 1906 hatte man dem britischen «Shipping Gazette Weekly Summary» entnehmen können, daß die angelsächsischen Reeder kaum mehr in neue Segelschiffe investierten (anders als französische, die staatlich subventioniert wurden, und anders als deutsche Reeder – bei Rickmers in Bremen und F. Laeisz in Hamburg liefen noch immer Segelschiffe vom Stapel). Ein Laeisz-Schiff war auch die «Preußen», 1902 gebaut und mit ihren 11 200 Tonnen ein deutsches Prestigeschiff. Nach etlichen Kap-Hoorn-Umrundungen ging der Fünfmaster auf der Rückfahrt von Valparaiso nach einer leichten Kollision mit einem Dampfer im Ärmelkanal verloren, in einer Sturmnacht des Jahres 1910.

Fast drei Jahrhunderte waren vergangen, seit Cornelius Schouten, der holländische Seefahrer, das Kap nach seiner Heimatstadt Hoorn taufte. Zweck seiner Reise im Jahre 1615: Der Amsterdamer Handelsherr Isaac Le Maire suchte für seine «Australische Gesellschaft» eine Seeroute, die nicht von der mächtigen «Holländisch-Ostindischen Kompanie» kontrolliert wurde.

Heute reist man mit Touristenschiffen zum *Cabo de Hornos*. Wenn das Wetter ausnahmsweise gut sein sollte, kommt man an Land, klettert über Fels und kniehohes Gestrüpp zu der chilenischen Marinestation hinauf oder bis auf den gut 400 Meter hohen Inselgipfel – mit Ausblick auf Pazifik und Atlantik zugleich. Dicht unter dem Gipfel: ein kleiner See und ein Leuchtfeuer.

Nimmt noch jemand die lebensgefährliche Plackerei der Kap-Hoorn-Umrundung unter Segeln auf sich? Die sportliche Herausforderung bleibt. Und auch die Attraktion der geplanten – oder von den Medien im voraus bestellten – Extrem-Abenteuer. 1984 stachen der einunddreißigjährige Arved Fuchs und sein Freund Rainer Neuber mit zwei Faltbooten in See. Vom Lago Roca im Parque Nacional brachen sie – wie später über ihrem Bericht stehen wird – zur «ersten gelungenen Winterumrundung im Serien-Faltboot» auf. Survivalanzüge (die Schiffbrüchigen eine etwa siebenstündige Überlebenschance auch in eiskaltem Seewasser geben), Treibsegel, Radar-Reflektor und Primuskocher halfen bei der 37-Tage-Tour durch schwerste Sturmböen, Schnee- und Hagelschauer. Leuchtraketen und Signalspiegel waren für den Notfall an Bord, Leica und Unterwasserkamera für die Auswertung der Expedition. Die mitgeführte Filmkamera zeigte sich dem Kap-Hoorn-Klima nicht gewachsen.

Und die Bilanz der beiden Paddler, die man vorm Aufbruch in Seemannskreisen schlicht als wahnsinnig eingeschätzt hatte? Arved Fuchs ist sich mit seinem Gefährten einig: Kap Hoorn «ist eines der letzten großen Abenteuer unserer Zeit». Aber auch darin sind sie sich einig: «Das gleiche noch mal – nie wieder!»

Zu solcherlei Abenteuer gehört zweierlei: zum einen das letztlich unkalkulierbare Risiko, zum anderen die Aura der Erstmaligkeit. Jeder legt die Latte für den Nachfolger ein Stück höher. Arved Fuchs und Rainer Neuber mußten im Winter hinaus zum Kap Hoorn. Denn sieben Jahre zuvor hatten es vier Engländer in Kajaks schon umrundet, zur besseren Jahreszeit.

Sind das die Spielregeln, an die sich ein professioneller Abenteurer klaglos hält, so findet er es hingegen gar nicht sehr komisch, wenn man sich hinterrücks an seiner Erst- und Einmaligkeitsaura vergreift. Als hätten sie auf dem Mount Everest eine Kaffeerunde vorgefunden, nehmen die Faltbootfahrer auf der Isla de Hornos ein ledergebundenes Gästebuch in Augenschein, mit zahllosen Eintragungen von Kreuzfahrtpassagieren, die bei gutem Wetter ausgebootet und zur Marinestation geleitet werden. Betroffen gesteht Fuchs: «Ich fühle mich irgendwie elend, und Rainer geht es genau so. ... Wir wären nun einmal am liebsten allein hier.»

Michael Neumann-Adrian

INHALT

Grasland, auf dem riesige Schafherden weiden, aber auch mit Erdöl- und Erdgasfeldern. In der Mitte eine Baum- und Buschsteppe, mit Hochtälern, Wäldern und Seen – forstwirtschaftlich genutzt und auch für Angler sehr interessant. Und im Süden das Feuerland der Berge, Urwälder und Seen, das Hauptziel der Touristen, mit Ausblick auf die schneebedeckte Kordillere vor allem im chilenischen Teil.

Einer der zahllosen, durch die Dammbau-Tätigkeit der Biber entstandenen Tümpel im Parque Nacional de Tierra del Fuego.

Ziffern im Kreis verweisen auf die Karte, kursive Ziffern auf Abbildungen.

DATEN · FAKTEN · ZAHLEN

GEOGRAPHIE. Feuerland, der Archipel «am Ende der Welt», ist zwischen Argentinien und Chile geteilt.

Das argentinische Nationalterritorium «Feuerland, Antarktis und die Inseln des Südatlantik» umfaßt 1267830 Quadratkilometer, davon schlagen die Feuerland-Departments *Río Grande* und *Ushuaia* mit 11881 beziehungsweise 9017 Quadratkilometern zu Buch. Die chilenische Provinz *Tierra del Fuego* weist eine Fläche von 29485 Quadratkilometern auf. Zum Ver-

gleich: Feuerland ist deutlich größer als das Staatsgebiet Dänemarks (das übrigens auf dem 55. Grad nördlicher Breite liegt – wie Feuerland am 55. Grad südlicher Breite). Mit allen Inseln summiert sich die Gesamtfläche von Feuerland sogar zu 73746 Quadratkilometern. Die Hauptinsel wird im Norden von der Magellanstraße, im Osten vom Atlantischen Ozean, im Süden vom Beaglekanal und im Westen von kleineren Kanälen (Whiteside-, Gabriel-, Magdalena-, Cockburnkanal) umströmt.

Der mächtige Dreiecksanteil Argentiniens an Feuerland hat drei deutlich verschiedene Landschaftsregionen: im Norden die patagonische Steppe mit geringen Bodenerhebungen, mehreren Flüssen und viel

Die *Cordillera Darwin* steigt bis zu 2469 Meter auf. Ihre Gletscher, von denen sich manche bis ans Meer vorschieben, und eine Vielzahl von Fjorden sind der eine große Landschaftseindruck. Der andere ist der Urwald aus flechtenbehangenen Südbuchen, den man schon nahe bei Ushuaia im *Parque Nacional de Tierra del Fuego* erleben kann. Zahlreiche Hochmoore und Seen liegen den größten Teil des Jahres in grandioser Einsamkeit.

BEVÖLKERUNG. Die Geschichte der südamerikanischen Urbevölkerung begann vermutlich viel früher, als bis vor kurzem angenommen wurde. Mit den Strahlentests der Radiocarbon-Methode wies man

FEUERLAND
KAP HOORN

0   N   50 km

50 000 Jahre alte werkzeugähnliche Objekte in Brasilien nach, und vor 30 000 Jahren hinterließen Menschen ihre Spuren in Chile. Doch ob die Geschichte der *Feuerlandindianer* 30 000 oder, wie bisher angenommen, nur etwa 10 000 Jahre dauerte: diese Geschichte ist zu Ende. Schon in den sechziger Jahren des 20. Jahrhunderts hatten Ethnologen Mühe, einige letzte uralte Feuerlandindianer aufzufinden. Heute lebt vermutlich kein einziger mehr.
Anders als in den Inka- und Mayastaaten verübten nicht etwa die Konquistadoren des 16. und 17. Jahrhunderts Völkermord. Die Feuerland-Urbevölkerung – die Wassernomaden *Yamana* und *Alaculuf* und die Festlandindianer *Ona* – fiel den Kolonisatoren des 19. Jahrhunderts zum Opfer.

Schafzüchter machten Jagd auf sie, weil sich die Indianer aus ihren Herden schon einmal eine Mahlzeit holten. Wer die Verfolgung mit Waffen überlebte, erlag den Mitbringseln der Einwanderer aus Europa: dem Schnaps und scheinbar so harmlosen Krankheiten wie den Masern.
Die heutigen Bewohner Feuerlands sind bis auf eine kleine Minderheit eine multikulturelle Mischung mit europäischer Abstammung: Argentinier und Chilenen mit spanischen Vorfahren, dazu Serben und Kroaten, Skandinavier, Briten, Schweizer, Franzosen, Deutsche und Italiener. Der große Anteil der Serben und Kroaten, die vor wenigen Jahren noch rund vier Fünftel der Bevölkerung von Porvenir ausmachten, soll auf die Zeit des «Goldrauschs» in den

achtziger Jahren des vorigen Jahrhunderts zurückgehen. Feuerländer britischer Herkunft haben dagegen meist Vorfahren, die als Wollproduzenten auf den Schaffarmen tätig waren – wenn sie es nicht selbst noch sind. Chiloten nennt man die Zuwanderer von der Pazifikinsel Chiloe.

KLEINE CHRONIK. 1519 Ferdinand Magellan (um 1480–1521) segelt mit Protektion des spanischen Königs (im Jahr darauf zum Kaiser Karl V. gekrönt) vom Atlantik zum Pazifik – durch die später nach ihm benannte Magellanstraße.

1578 Francis Drake dringt zur Südspitze Südamerikas vor und stellt fest, daß sich dort nicht der vermutete «Südkontinent», sondern das offene Meer befindet.

Das sehenswerte Regionalmuseum der Salesianermission nördlich von Río Grande.

1598 Erste holländische Erkundungsfahrt um Kap Hoorn. Kolonisierungsversuche scheitern weiterhin.

1772-1775 Zweite Weltreise James Cooks (1728–1779). Im Bericht des deutschen Naturforschers Georg Forster (1754–1794) «Reise um die Welt» wird auch Feuerland und seine «furchteinflößende, wilde» Bevölkerung geschildert.

1832-1834 Charles Darwin (1809–1882) besucht auf der Forschungsreise mit der «Beagle» Feuerland.

Um 1850 Kolonisierung des chilenischen Südens unter anderen durch den Deutschen Einwanderer-Agenten Philippi. Die *South American Anglican Mission* entsendet Allen Gardiner, Thomas Bridges und andere Missionare.

1889 José Fagnano gründet eine Salesianer-Mission auf der Isla Dawson.

1886 «Goldrausch» auf der Península Páramo.

1902 Großbritannien schlichtet argentinisch-chilenische Grenzstreitigkeiten.

1914 Der Panamakanal wird eröffnet, mindert wirtschaftliche Bedeutung von Punta Arenas.

1938 Entdeckung von Erdölvorkommen.

Um 1960 Weniger als ein Dutzend Angehöriger der Ureinwohnerstämme (*Yamana*, *Ona* – auch «Selk'nam» genannt – und *Haush*) sind noch am Leben.

1972 Argentinisches Wirtschaftsförderungsgesetz für Feuerland, starke Zuwanderung und wachsender Tourismus.

1985 Argentinisch-chilenischer Vertrag über die Inseln Lennox, Picton und Isla Nueva und die Gewässer des Beaglekanals tritt in Kraft. Der Vatikan hatte in dem Streit, der auch die argentinischen und chilenischen Ansprüche in der Antarktis berührte, erfolgreich vermittelt.

1992 Wiederaufnahme des Flugverkehrs zwischen dem argentinischen und dem chilenischen Teil Feuerlands und der Schiffsverbindung zwischen den Orten Ushuaia und Puerto Williams.

WIRTSCHAFT. Die *Schafzucht* bestimmt nicht mehr so ausschließlich wie in der ersten Hälfte des 20. Jahrhunderts die Wirtschaft an der Südspitze des Kontinents (siehe auch Seite 50/51). *Erdöl-* und *Erdgasfunde* haben einen neuen Wirtschaftszweig wachsen lassen, leider nicht ohne tiefe ökologische Narben zu hinterlassen. Wirtschaftlich immer wichtiger wird der Feuerland-*Tourismus*, mit dem Zentrum Ushuaia und dem *Parque Nacional de Tierra del Fuego*. Vor allem Argentinier selbst zieht es immer mehr aus der Hitze der nördlicheren Regionen in den angenehm erfrischenden Feuerland-Sommer. Europäische und amerikanische Kreuzfahrtschiffe steuern seit den dreißiger Jahren die Magellanstraße an, Exkursionen zu Schiff oder mit dem Flugzeug führen nach Kap Hoorn. Im Zuge des in alle Richtungen expandierenden Bildungstourismus haben heute auch zahlreiche Studienreisen-Veranstalter Feuerland in ihren Programmen. Allerdings sind deren Aufenthalte meist auf einen Tag, bestenfalls zwei bis drei Tage begrenzt – zu wenig, um mehr als einen schnellen Blick in die grandiose Natur dieses Archipels der Gletscher, Urwälder, Seen und Felsenküsten zu tun.

Schafzucht hat Tradition auf Feuerland: Hier eine Weidewiese der Estancia Harberton.

1816 Argentinien wird unabhängig von Spanien (zuvor spanisches Vizekönigreich Río de la Plata).

1818 Chile wird selbständige Republik (zuvor spanisches Generalkapitanat und noch früher Provinz des spanischen Vizekönigreichs Peru).

1869 Gründung der Missionsstation Ushuaia.

1881 *Tratado de Limites*: Grenzvertrag zwischen Argentinien und Chile über Patagonien und Feuerland.

1884 Commodore Augusto Lasserre setzt die argentinische Fahne auf Feuerland.

ORTSZEIT. Wenn es in Mitteleuropa (MEZ) 1 Uhr nachts ist, ist es in Argentinien erst 21 Uhr, in Chile 20 Uhr. Aus praktischen und politischen Gründen lassen sich beide Staaten nicht exakt in das geographische Raster der Zeitzonen einbinden. Feuerland hat darum die gleiche Uhrzeit wie das deutlich weiter östlich gelegene Rio de Janeiro. Während der europäischen Sommerzeit beträgt der Zeitunterschied zwischen Mitteleuropa und Argentinien fünf Stunden, gegenüber Chile sechs Stunden.

mit so starken, durch UV-Strahlen bedingten Augenschäden beobachtet worden, daß sie die Orientierung verloren).

Da Ausländer als Privatpatienten behandelt werden, schließt man für den Notfall eine private Krankenversicherung ab.

GELD. Empfohlen wird, argentinische *Pesos* im Lande einzuwechseln, und zwar gegen Dollars, um den günstigsten Kurs zu erreichen. Banken sind in der Regel Montag bis Freitag von 9–14 Uhr geöffnet.

Wirtschaftsabteilung des Chilenischen Generalkonsulats, Kleine Reichenstraße 1/IV, D-20457 Hamburg, Tel. 040 / 33 58 35 und 33 58 13.

In Österreich. *Botschaft von Argentinien,* Goldschmiedgasse 2, A-1010 Wien, Tel. 02 22 / 5 33 84 63.

Botschaft von Chile, Lugeck 1/3/9, A-1010 Wien, Tel. 02 22 / 5 12 92 08.

In der Schweiz. *Botschaft von Argentinien,* Jungfrauenstraße 1, CH-3005 Bern, Tel. 031 / 44 35 65.

Berge und Mauern aus Eis am Ufer des Beaglekanals, geformt vom Schmelzwasser der gewaltigen Gletscher Feuerlands.

GESUNDHEIT. Besondere Impfungen sind nicht erforderlich. Rheumakranken kann das feuchte Klima zusetzen. Auf Campingplätzen sollte man das Wasser abkochen. Ein neues, industriell verursachtes Gesundheitsrisiko ist das «Ozonloch», die Verdünnung des Ozonschildes, die über der Antarktis und der südlichen Erdhalbkugel bedrohlich fortgeschritten ist. Die erhöhte ultraviolette Strahlung führt zu schmerzhaftem Sonnenbrand oder – bei ständigem ungeschützten Sonnenbaden – sogar zu Hautkrebs. Ärzte empfehlen die Verwendung von Hautcreme mit hohem Lichtschutzfaktor, Sonnenhut und Sonnenbrille (angeblich sind bereits Feuerland-Schafe

Vorsicht mit alten Geldscheinen – die jüngste Währungsumstellung datiert erst vom Januar 1992.

Beim Umtausch von Reiseschecks werden gelegentlich bis zu zehn Prozent Kommissionsgebühr einbehalten. Kreditkarten sind üblich, Visa und American Express sind weitverbreitet.

AUSKUNFT

VOR DER REISE: In der Bundesrepublik Deutschland. *Abteilung Tourismus und Presse der Botschaft von Argentinien,* Adenauerallee 50–52, D-53113 Bonn, Tel. 02 28 / 2 28 01 - 0, Fax 02 28 / 2 28 01 30.

Botschaft von Chile: Eigerplatz 5, CH-3007 Bern, Tel. 031 / 54 70 50.

VOR ORT: In Chile. Sernatur – *Servicio Nacional de Turismo,* Región de Magellanes y la Antártica Chilena, Waldo Sequel 689, Punta Arenas.

In Argentinien. *Ushuaia:* Dirección de Turismo de la Municipalidad, San Martín 660, Galería del Jardín Local 20; Instituto Fuegino de Turismo/Tierra del Fuego Tourist Bureau: Lasserre y Maipu.

Río Grande: Rosales y Fagnano.

Buenos Aires: Santa Fé 919. Automobil Club Argentino (ACA), Avenida Libertador General San Martín 1850. Nützliche Adresse für jeden, der mit Mietwagen reisen will – Mitglieder zahlen in ACA-Hotels und -Restaurants ermäßigte Preise. Auch beste Straßenkarten.

Feuerland ist ein Land in heftiger Entwicklung – mit der Folge, daß viele Informationen nur kurzlebig gültig sind. Das betrifft gerade auch die Bereiche, die für den Touristen wichtig sind: Verkehrsverbindungen, Reisebüros, Hotels, Restaurants. Es lohnt sich darum, immer noch einmal bei den Auskunftsstellen nachzufragen.

Täglich ein oder – in der Hochsaison – mehrere Flüge der Aerolíneas Argentinas von Buenos Aires (Stadtflughafen *Aeroparque Jorge Newbery*, nicht identisch mit dem Internationalen Flughafen) nach Río Grande und Ushuaia, zum Teil mit Stops in patagonischen Städten. Regionalverbindungen auch mit Austral Líneas Aereas nach Lade oder Kaiken. Der Sondertarif «Visit Argentina» mit vier, sechs oder acht Coupons für beliebig lange Flugstrecken ist bis zu 30 Tage gültig – in einem

Ein beliebtes Übernachtungsquartier für Feuerland-Touristen: Die Estancia Río Pipo.

FÜR DEN NOTFALL: In Argentinien. *Botschaft der Bundesrepublik Deutschland*: Villanueva 1055, 1426 Buenos Aires, Tel. 0 05 41/771-50 54 und 50 59.
Österreichische Botschaft, French 3671, Buenos Aires, Tel. 8 02 71 95.
Schweizer Botschaft: Av. Santa Fé 846, 12. Stock, Buenos Aires, Tel. 3 11 64 91.
In Chile. *Botschaft der Bundesrepublik Deutschland*: Santiago de Chile, Cas. 9949, Calle Agustinas 785, Tel. 0 05 62/33 50 31-035.
Österreichische Botschaft, Barros Errázuriz 1968, 3. Stock, Santiago de Chile, Tel. 2 23 47 74.
Schweizer Botschaft, Providencia 2653, Oficina 1602, 16. Stock, Santiago de Chile, Tel. 2 32 26 93.

ANREISE

Flugzeit von Frankfurt nach Buenos Aires: 14 bis 20 Stunden. Weiterflug meist nicht am selben Tag möglich.

so großen Land wie Argentinien ein attraktives Angebot! Deutschland-Direktion der Aerolíneas Argentinas S.A. (auch für Österreich und Schweiz zuständig): Airport Center, 60549 Frankfurt/Main, Tel. 069/6 97 92 33, Fax: 6 97 92 45.
Auch die chilenischen Linien Ladeco und Lan Chile bieten einen «Visit Chile»-Tarif; tägliche Verbindungen bestehen zwischen Santiago und Punta Arenas.
Für den Aufenthalt bis zu 90 Tagen genügt in Argentinien wie in Chile der gültige Reisepaß; Deutsche, Österreicher und Schweizer brauchen kein Visum.
Achtung: Trotz der immer noch bestehenden Ressentiments zwischen Argentinien und Chile ist die Staatsgrenze nicht überall erkennbar, unbeabsichtigter Grenzübertritt ist darum leicht möglich. Andererseits müssen Ein- und Ausreise aber an offiziellen Grenzübergängen stattfinden. Fehlt bei der Ausreise der Stempel der Einreise, ist ein Ärger mit dem jeweiligen Grenzbeamten fast schon vorprogrammiert.

KLIMA UND REISEZEIT

An wenigen Orten der Erde ändert sich das Wetter so rasch wie im Süden Feuerlands. Während der Norden der Insel vergleichsweise trockenes Klima mit stabilen Temperaturen und starken Winden hat, erlebt man im Süden das Wetter als Wechselbad zwischen Regen, Wolken, Sturm, Nebel und Sonne, gegebenenfalls mit bis zu vier Tiefdruckgebieten an einem Tag.
Im *Winter* fällt reichlich Schnee, doch wird es nicht so kalt, wie die Nachbarschaft der großen Gletscher und die Nähe der Antarktis vermuten lassen.
Die *Sommermonate* dauern von November bis März, machen Feuerland also zum Ziel für Leute, die dem europäischen Winter ausweichen wollen. Es kann allerdings auch im feuerländischen Sommer Frosttage geben. Im langfristigen Mittel bringt der Januar die geringsten Niederschläge und die höchsten Temperaturen (9 Grad Celsius Durchschnittswert). Am kältesten wird es im Juni und Juli bis zum Anfang August. Die – selten erreichten – Maximal- und Minimaltemperaturen von Ushuaia sind 29 Grad Wärme und 21 Grad Kälte. Ein Bad im Ozean ist nur Abgehärteten zu empfehlen: Die sommerliche Durchschnittstemperatur liegt bei prickelnden 9 Grad. Selten erreicht das Meerwasser an der Oberfläche einmal 16 Grad.
Eine Attraktion des feuerländischen Sommers sind die langen Tage: Bis zu 17 und einer halben Stunde steht die Sonne über dem Horizont, und an den längsten Tagen ist es bis zu 20 Stunden lang hell; im Winter dagegen verkürzt sich am 4. Juli die Sonnenzeit auf 7 Stunden und 7 Minuten.
Es überrascht nicht, daß die Monate von November bis März als beste Reisezeit gelten. Vorher und nachher schließen viele Hotels, doch gibt es auch eine Feuerland-Wintersportsaison.

ÜBERNACHTEN

Das früher dürftige Angebot an Unterkünften ist in den letzten Jahren kräftig gewachsen und schließt in Ushuaia wie in Punta Arenas auch Hotels ein, die den Maßstäben internationalem Komforts entsprechen. Während des Feuerland-Sommers kann aber auch das letzte Bett ausgebucht sein. Frühzeitige Reservierung ist für den Einzelreisenden in der Regel nützlich – wenn er nicht mit dem eigenen Zelt kommt. Vor allem die Campingplätze in den Nationalparks sind zu empfehlen. Außerhalb der Städte kann man sein Zelt aber auch nach Belieben aufstellen.

Punta Arenas: *Hotel Cabo de Hornos*, Plaza Munoz Gamero 1025, fünf Sterne. *Hotel Los Navegantes*, José Menéndez 647, vier Sterne. *Hotel Mercurio*, Fagnano 595, drei Sterne.

Porvenir: *Los Flamencos*, Teniente Merino.

Puerto Williams: *Hotel Patagonia*.

Río Grande: In der Oberklasse *Atlántida*, Avenida Belgrano 582, und *Isla del Mar*, Güemes 963 (am Strand). Mittelklasse: *Federico Ibarra*, Rosales 357 (zentral). Einfaches Hotel: *Villa*, San Martín 277.

Ushuaia: Zur Oberklasse gehören die Hotels *Albatros*, Avenida Maipú 505 (gegenüber dem Hafen), und *Ushuaia*, Lasserre 933 (prächtiger Blick). Mittelklasse: *Canal Beagle*, Avenida Maipú Esq. 25 de Mayo (Hotel des argentinischen Automobilklubs ACA), und *Tolkeyen*, Estancia Río Pipo, Ruta 3 (acht Kilometer außerhalb, in Richtung auf den Nationalpark, mit Busservice und gemütlich), *Cabo de Hornos*, Avenida San Martín Esq. Triunvirato, und *Antártida*, Avenida San Martín 1600.

Eine reizvolle Übernachtungsmöglichkeit bieten immer mehr *Estancias* – Urlaub auf dem Bauernhof auf argentinisch. Vermittlung über die örtlichen Reisebüros, dort werden auch Privatquartiere angeboten.

Als einer der besten Campingplätze wird *Camping Lago Roca* empfohlen, am gleichnamigen See im Parque Nacional de Tierra del Fuego. Zelte kann man im Nationalpark ausleihen. Alle anderen Campingplätze im Park sind gebührenfrei, haben aber auch keine Einrichtungen.

ESSEN UND TRINKEN

Auf dem Eßtisch spiegelt sich die interkulturelle Mischung der Feuerlandeinwohner: italienische, spanische, österreichische und balkanesische Köche und Küchenchefs konkurrieren, stehen insgesamt allerdings auch unter dem Konkurrenzdruck von Fast-Food-Lokalen.

Argentinische Steaks haben Weltruf, auch wegen ihrer Größe. Filet heißt *lomo*, Rumpsteak *bife de chorizo*. Fleischesser machen sich mit Lust über die *parillada criolla* her, eine Grillplatte vom Holzkohlenfeuer, die auch häufig auf einem Mini-Ofen zum Gast kommt, mit Filets, Würstchen, Blutwurst, Herz und Nieren.

Aber es wäre schade, die Vorspeisen auszulassen, Köstlichkeiten wie *vittel toné*

Geschäftsstraße im Zentrum von Ushuaia, Feuerlands Hauptstadt im Süden des Archipels.

(hauchzarte Rindfleischscheiben mit Anchovis-Sauce) oder *cazuela de mariscos* (Fischeintopf). Üblicher sind gefüllte Teigtaschen, mit Käse, Schinken oder Geflügelsalat (*empanadas*).

Wer am Meer und seinen Kanälen unterwegs ist, versucht vor allem die Meeresfrüchte: *centolla* nennt man auf Feuerland die Königskrabbe, aber wie am Mittelmeer bekommt man auch Tintenfisch (*raba*) und Miesmuscheln (*mejillones*). Delikat sind die Forellen (*trucha*).

Pizza und Pasta sind landesüblich und in vielen Varianten zu haben, von den hausgemachten Bandnudeln bis zu der auf einer Steinplatte gebackenen *pizza a la piedra*, mit Anchovis oder Salami, mit Palmenherzen (*con palmitos*) oder Roquefort.

Eine Nachtisch-Spezialität ist *queso con dulce*: eine kräftige Scheibe Goudakäse mit einem Gelee aus Quitten oder Süßkartoffeln. Vergleichbar nahrhaft fallen die ver-

Ushuaia: Der Linienbus zum Flughafen.

trauteren österreichischen Mehlspeisen aus, Strudel und Palatschinken.

Für den kleinen Hunger läßt man sich *minutas* (ein kleines Schnitzel), *hamburgesas* (Hacksteak mit Spiegelei) oder *tostadas a la jardinera* (Schinken oder Käsetoast mit grünem Salat) servieren. Oder auch eine Erinnerung an Deutschland: *fiambre alemán*, Pfannkuchen mit Käse und Schinken, Mayonnaise und Blattsalat.

Den Frühstückskaffee trinkt man entweder *con azucar* (mit Zucker), *cortado* (mit wenig Milch) oder *con leche* (mit reichlich Milch), vielleicht auch gleich eine große Portion (*doble*). Dazu werden in internationalen Hotels *tostadas* (Toasts) und *medialunas* (wörtlich Halbmonde, das sind Hörnchen) serviert. Sonst ist das Frühstück nach mediterraner Art karg: zum Kaffee oder Mate-Tee ein Winzigstück Gebäck.

Mate hat man in Südamerika längst getrunken, bevor aus China der Tee aus den Teeblättern des Teestrauchs (Gattung der Kamelien, Thea sinensis, Thea assamica) in die westliche Welt kam. Der Mate wird aus dem Matebaum gewonnen, einem Stechpalmengewächs (Ilex paraguariensis), und aus verwandten Arten. Das südamerikanische «Übernationalgetränk» ist das einzige Teegetränk außer dem echten Tee, das Koffein enthält, also anregend wirkt. Es schmeckt leicht bitter und ist in Feuerland in jedem Supermarkt zu haben. Andere Namen für Mate sind: Paraguaytee, Herva, Yerva, Congonha.

Übrigens ist es unter Argentiniern Brauch, den Mate gemeinsam aus einer *calabaza* (ausgehöhlter Kürbis) zu trinken, mit der

Kreuzfahrtschiff im Hafen von Ushuaia. Die Stadt ist eine wichtige Station auf dem Weg nach Chile oder in die Antarktis.

bombilla, einem metallenen Saugröhrchen. Zu den Mahlzeiten im Restaurant wird üblicherweise *Wein* bevorzugt. Zwar ist Patagonien zu kalt für Weinberge, im nördlicheren Argentinien aber gedeihen passable bis hervorragende Weine, vor allem rote, aber auch achtbare weiße und rosé Sorten. Argentinien ist heute weltweit der viert- oder fünftgrößte Weinerzeuger. Cabernet-Sauvignon wird als Rotweinrebe am meisten geschätzt und bringt in Argentinien bessere Weine als kaum irgendwo. Chardonnay, Riesling und Chenin stehen unter den Weißweinen obenan. Die sehr kräftig-aromatischen Torrontes-Weine (eine aus Spanien stammende Rebe) ähneln auch mit ihrer goldenen bis goldgrünlichen Farbe den Gewürztraminern.

Argentinischer Sekt ist im Kommen und wird immer öfter auch als Aperitif getrunken. Unter den europäischen Markennamen Moët et Chandon und Piper Heidsieck werden auch in Argentinien Schaumweine produziert.

Einheimische *Biere* sind beispielsweise die Marken Quilmes und Santa Fé.

Mit kulinarischen Ansprüchen ist man am besten in Ushuaias Restaurants aufgehoben, sollte sich aber auf Rechnungsbeträge wie in europäischen Großstädten einstellen. Vorzügliche Lammfleischgerichte bekommt man auf manchen Estancias. Im Sommer wird üblicherweise nicht vor 21 Uhr serviert – und seinen Tisch läßt man sich in besseren Restaurants reservieren.

EINKAUFEN

Gerätschaften der einstigen indianischen Kultur, die in Jahrtausenden entwickelt wurden, überdauern heute noch als eine Art Souvenirspielzeug: Miniatur-Rindenkanus und grasgeflochtene Körbe, die man zum Beispiel auf der Insel Navarino angeboten bekommt. Auch Mate-Schalen aus Holz oder Metall sind typisch patagonisch-feuerländisch, und ebenso die teils sehr reizvollen Schnitzwerke aus dem Holz der Urwälder – vom Türschild bis zur gewichtigen Tischplatte.

Da auch «Halbedelsteine» wie Quarze, Achate und Pyrite zu den Mineralien des

Kleine Hostería im Süden der Insel.

Landes gehören, kann man schöne, meist noch ungeschliffene Stücke preisgünstig erwerben. Silberschmuck, silberne Beschläge und Messer sind teurer, ebenso die Reitsportrequisiten aus der Gaucho-Tradition: Reitstiefel, Reithosen, Satteldecken. Wer fotografiert und nicht genug Filme im Gepäck hat, kauft in Ushuaia nach – nur hier sind die Filme zollfrei und nicht zu sehr überteuert.

VERKEHRSMITTEL

Die Verkehrsverbindungen lassen zumal bei schlechtem Wetter leicht den Verdacht aufkommen, tatsächlich *al fin del mundo*, am Ende der Welt zu sein, erst recht bei Reisenden mit engem Zeitplan. Argentiniens Eisenbahnschienen enden schon Hunderte von Kilometern nördlich von Feuerland, in der patagonischen Provinz Chubut. Die Flüge nach Ushuaia müssen bei schlechtem Wetter ganz eingestellt werden, solange die neue, längere Landebahn nicht fertiggestellt ist, auf die seit Jahren gewartet wird. Auch Kreuzfahrtreisende lesen schon in ihrem Programm bei manchem Ausflugsziel die Warnung «wetterabhängig». Wer zu den fernsten Horizonten aufbricht, sollte nicht auf Fahrplanminuten pochen.

FLUG. Flugverbindung Río Gallegos – Ushuaia. Zahlreiche Angebote, Kleinflugzeuge privat zu chartern. Übrigens sollte man Inlandflüge ebenso wie Transkontinentalflüge drei Tage vor dem Abflugstermin noch einmal bestätigen lassen.

BUS. Die langen geraden Highways im Norden Feuerlands und die Gebirgsstraßen im Süden sind bei weitem nicht alle asphaltiert, werden aber immer weiter ausgebaut. Es gibt tägliche Busverbindungen zwischen Río Grande und Ushuaia und mehrmals wöchentlich Verbindungen zwischen Río Grande und Porvenir.

keitskontrolle (in Ortschaften Obergrenze 40 km/h). Argentinische Mietwagen-Organisationen gestatten in der Regel nicht, daß der Wagen nach Chile gebracht wird. Leider sind die Mietwagenpreise in Patagonien und Feuerland sehr viel höher als anderswo in Argentinien, wohl auch aufgrund der ungewöhnlich schlechten Straßen. Wer in Deutschland bei einem internationalen Mietwagenunternehmen im voraus reserviert, kann Geld sparen.

JUNI: Am 21. Juni wird in Ushuaia die *längste Nacht des Jahres* gefeiert; die ganze Bevölkerung macht beim nächtlichen Fackellauf auf der Skipiste mit.

JULI/AUGUST: *Marcha Blanca* in Ushuaia, Volkslauf auf Skiern (siehe auch Seite 75); *Schnee-Fest* (Río Grande).

OKTOBER: Am 12. Oktober feiert Ushuaia aufwendig sein Gründungsdatum.

Die Ruta 3, der argentinische Teil des Panamerican Highway, führt quer durch Feuerland. Hier das weite Hügelland südlich von Río Grande.

Aus dem argentinischen Río Gallegos (Provinz Santa Cruz, nördlich der Magellanstraße) kann man über Río Turbio ins chilenische Punta Arenas und von dort aus mit der Fähre nach Porvenir, dann weiter zum Grenzübergang San Sebastián gelangen – eine mühsame Reise. Auch deshalb, weil der argentinische Grenzübergang rund um die Uhr, der chilenische bisher aber nur acht Stunden lang geöffnet ist. Keine direkte Busverbindung von Punta Delgada über die Magellanstraße nach Feuerland. Die Tickets in der Hauptsaison möglichst früh im voraus zu kaufen, wird Busreisenden in Feuerland allgemein empfohlen (in der Regel leider keine Platzreservierung). Express-Busse machen den sogenannten *comunes* gegenüber ihrem Namen Ehre: weniger Stops, dadurch kürzere Fahrzeit.

MIETWAGEN. Internationaler Führerschein erforderlich. Keine Promille-Grenze, aber Anschnallpflicht. Häufige Geschwindig-

HITCHHIKING. In einem Land der großen Entfernungen und des dünnen Verkehrs warten auf den Anhalter manche Überraschungen – und sei es auch nur die, daß eine halbe Stunde gar kein Wagen auftaucht. Lastwagenfahrer verlangen öfters Geld (einen Bruchteil des Bus-Fahrpreises), halten aber nicht mehr so bereitwillig wie früher, seit sich Fälle von Diebstahl und Raub häuften. Experten empfehlen, mit der eigenen Landesfahne zu winken – man ist fremdenfreundlich – und einen Brief vom Konsulat mitzuführen.

FESTE UND VERANSTALTUNGEN

FEBRUAR: *Karneval* in Ushuaia während der ersten Woche; *Forellen-Fest* in der Hauptstadt des Forellenfangs Río Grande.

MÄRZ: *Fiesta de la Lenga* am Lago Escondido bei Ushuaia: Fest der Holzfäller.

NOVEMBER: *Fiesta de la Cerveza*, die Feuerland-Variante des Münchner Oktoberfestes (12. November in Ushuaia).

SPORTLICHE AKTIVITÄTEN

BIRDING. Die Briten haben dieses hübsche Wort aufgebracht für das seriöse Hobby von Vogelfreunden, die allsommerlich und in immer größerer Zahl mit Zoom-Objektiven und Ferngläsern in die Wälder und an die Küsten Feuerlands ausschwärmen. Südamerika hat man wegen seiner rund 3000 Vogelarten schon den «Kontinent der Vögel» genannt. In Argentinien sind davon rund 1000 anzutreffen, und zwar viele auch auf Feuerland nicht als Zugvögel, sondern als ständige Bewohner (siehe Seite 75).

TAUCHEN. Für Tauchsportler bietet seit 1990 Hector Monsalve sein 9-Meter-Fischerboot «Tres Marias» an, mitsamt Kompressor, Ausrüstung für Unterwasserfotografie und Ent-

KEIN FEUERLAND-LATEIN

Was macht ein Pinguin beim Anflug eines Hubschraubers? Unter den rotierenden Flügelblättern scheint er in Hypnose zu fallen und fällt physisch tatsächlich um. Oder hat es 1982 etwa nicht zu den Aufgaben britischen Bodenpersonals auf den Falklandinseln gehört, die vom militanten Rotorlärm verstörten Schwarzweißvögel wieder aufzurichten und notfalls fortzutragen? An Chiles Otwaybucht, etwa eine Stunde Jeep-Fahrt außerhalb von Punta Arenas, ging man brutaler mit den Magellanpinguinen (Spheniscus Magellanicus) um. Als Köderfleisch von Fischern dezimiert, als ausgestopfte Touristen-Trophäen verhökert, an eine Leine gelegt und auf Kreuzfahrtschiffe entführt, wurden die in Feuerland einst zahllosen «Vögel, die nicht fliegen können», immer weniger. Bis Horst George, ein aus Stade gebürtiger Lehrer, tätig in Punta Arenas an der weltweit südlichsten deutschen Schule, mit seinen Schülern und deren Eltern in Eigenarbeit ein Reservat schuf, eine *Pinguinera*. Hinter deren Zaun – versteht sich: mit freiem Watschel-Zutritt zum Pazifik – leben heute rund 6000 Magellanpinguine. Mit ihren Flügeln, die zu Luftreisen nicht taugen, und mit fischähnlich strömungsgünstigem Körper, bringen sie es unter Wasser auf beträchtliche Geschwindigkeit. «Wahre Torpedos», sagt Horst George. Das tönt militant, aber nicht deswegen fand er sich nach einem

Chile-Besuch des deutschen Verteidigungsministers in den deutschen Gazetten wieder: Für die Fahrt über die Geröllpiste zur *Pinguinera* spendete Bonn dem Umweltfreund zwei Jeeps.

Als Nachtrag ein zoologischer Steckbrief des Magellanpinguins: Seine Körperlänge erreicht etwa 70 Zentimeter, sein Gewicht 5,6 Kilogramm. Als hervorragender Schwimmer kommt er bis auf 45 Stundenkilometer und kann bis zu 60 Meter Tiefe tauchen. Die Küsten Feuerlands und Patagoniens sucht er zur Aufzucht der Jungtiere auf. Bei Herbsteinbruch verlassen die Pinguine ihre Brutkolonien und leben bis zum Frühjahr im Meer.

Michael Neumann-Adrian

Nistplätze der Kormorane in den Nischen der zerklüfteten Steilküste.

wicklungslabor. Im artenreichen Beaglekanal erleben Taucher eine bizarre Unterwasserwelt.

SEGELN. Segelboote dürfen in Ushuaia nicht an Touristen verliehen werden: Der Beaglekanal gilt als zu gefährliches Gewässer. Nicht gerade billig, aber ein unvergleichliches Erlebnis sind Segeltörns. Erfahrene Skipper führen in den Feuerland-Archipel mit seinen Tausenden von Buchten, Kaps und Kanälen zwischen Magellanstraße und Kap Hoorn. Starthäfen sind Ushuaia (Argentinien) oder Puerto Williams (Chile). Die Kreuzfahrten dauern acht oder vierzehn Tage, sind das ganze Jahr über – auch im Feuerland-Winter – möglich und werden meist für vier Passagiere organisiert. Der chilenische *Alberto de Agostini National Park*, die Isla de Los Estados und Kap Hoorn werden angelaufen, Trekking und Bergsteigen sind je nach Wunsch und Wetter inbegriffen.

WINTERSPORT. Zum Feuerland-Winter gehört nicht nur Skifahren, sondern auch Huskies-Schlittenrennen (eine Fahrt kann man buchen bei Tolkeyen Turisticos in Ushuaia, in der Straße 12 de Octubre 150). Im Juli oder August veranstaltet der Club Andino Ushuaia die *Marcha Blanca en Familia* («Weißer Familienmarsch»), einen Skiwettlanglauf über 15,5 Meilen. Manche kommen in Verkleidung, andere folgen den Skiläufern mit ihren Kindern auf Rodelschlitten. Wintersportzentren mit wenigen Liftanlagen, dafür um so grandioseren Ab

fahrten sind Las Cotorras, Valle Tierra Mayor, Montes Martial und Haruwen nördlich von Ushuaia (Busverbindung, Verleih von Ausrüstung und Motorschlitten).

ANGELSPORT. In den Flüssen Feuerlands kann man Forellen von stattlicher Größe in ursprünglicher Landschaft fangen. Boote und Ausrüstung können gemietet werden, auch erfahrene Führer.

TIER- UND PFLANZENWELT

In der Feuerland-Tierwelt dominieren die *Vögel*, von Kondor und Albatros bis zu Ibis und Kormoran, vom Flamingo bis zum Specht (siehe auch Seite 73). Der größte Flieger der südlichen Ozeane, der Wanderalbatros, kann eine Flügelspannweite von drei Metern erreichen. Albatrosse kommen nur zur Brutzeit aufs Festland, ruhen sonst schwimmend auf den Meereswellen aus. Der Kondor der Anden, unter Ornithologen als «rotköpfiger Neuweltgeier» bekannt, wächst zu gleicher Größe und ist nicht nur Chiles Wappentier, sondern auch das anderer südamerikanischer Staaten (Bolivien, Ecuador, Kolumbien). So selten man diese Riesenvögel zu Gesicht bekommt, so häufig ist die antarktische Wildgans (*quequén*); unter den vielen Gänse- und Entenvögeln ist die «Dampfschiffente» eine feuerländische Attraktion: Bei der Jagd oder auf der Flucht spritzt sie wie ein Raddampfer Wasser.

Kap-Hoorn- und Falklandstrom, kalt, aber reich an Plankton, sorgen für Fischreichtum vor der Küste. Auch *Wale* und *Seelöwen*, *Pinguine* (siehe auch Seite 74) und *Robben* haben hier ihre Reviere. Nachdem die Wale schon von Ausrottung bedroht waren, haben sie sich in den letzten Jahren wieder in größerer Zahl gezeigt. Der *Seeotter* kommt vor allem in den chilenischen Gewässern Feuerlands und auf der Isla de Los Estados vor.

Unter den Landtieren ist das in den Anden lebende *Guanako* für Feuerland charakteristisch. Zoologisch ist das Guanako mit seiner Körperhöhe von etwa 1,30 Meter eine Lama-Art und gehört damit zur Gattung der höckerlosen Kamele. Jüngere Bewohner Feuerlands sind die *Biber*, die erst 1948 in 25 Paaren aus Kanada eingeführt

Das Guanako gehört zu den größten einheimischen Landtieren Feuerlands.

Ob Blumen, Moose oder Baumflechten: Beeindruckend ist die Vielfalt der Vegetation Feuerlands.

wurden und sich seither in praktisch allen Flüssen Feuerlands, die für sie geeignet sind, ausgebreitet haben. Das ökologische Gleichgewicht wird durch sie allerdings erheblich gestört. Die von den Bibern erbauten Dämme und die dadurch verursachte Aufstauung künstlicher Seen haben große Waldgebiete verwüstet. Augenscheinlich zeigen sich die Biber von den bisher ergriffenen Maßnahmen wenig behelligt. Der Abschuß der Tiere ist jedoch (noch) nicht erlaubt.

Nach dem argentinischen Decreto 4337/89 für die Region «Tierra del Fuego, Antárctica and South Atlantic Islands» ist die Jagd auf Vögel, ihre Jungen und ihre Eier, die Zerstörung ihrer Habitats und Nester sowie der Handel und die Verarbeitung ihrer Produkte untersagt. Ebenso ist die Jagd auf alle Säugetiere – wie Guanakos, Rotfüchse, Seelöwen – verboten.

Trotz des beständigen kühlen Wetters hat Feuerland eine vielfältige *Pflanzenwelt*; in den Südbuchenwäldern wachsen rund 30 Farnarten, die speziell in diesem Gebiet vorkommen, außerdem auch Hunderte von Wildblumen, darunter Orchideen und Edelweiß. Die Waldgrenze liegt bei etwa 600 Meter Höhe, in höheren Lagen gedeiht die andine Flora.

Eine ausführliche Untersuchung und Beschreibung der feuerländischen Flora ist dem britischen Botaniker David M. Moore zu verdanken. Moore (University of Reading) hat seit den sechziger Jahren gemeinsam mit Kollegen 545 Arten untersucht, die auf Feuerland vorkommen, darunter 417, die in der Region heimisch sind. Moores Werk «Flora of Tierra del Fuego», im Jahr 1983 erschienen, enthält auch eine Vielzahl gezeichneter Pflanzenporträts. Als Motto des Bandes wählte der Botaniker ein vielzitiertes Sprichwort der Feuerländer: «Quien come el calafate vuelve por más» («Wer vom Calafate-Busch ißt [= ein Busch, der über vier Meter hoch wird, dornig, mit süßlichen Früchten], kehrt zurück, um mehr davon zu kosten»).

Ilao Ilao ist das Wort der Indianer für eine botanische Eigenheit, die man an vielen Bäumen Feuerlands beobachten kann: Ein Parasit, der sogenannte Darwinpilz (Cyttaria darwinii), der von den Indianern auch gegessen wurde, läßt das Holz geschwulstartig zu kugeligen Knoten auswachsen. Die phantastische Maserung dieser Baumknoten fordert Holzschnitzer heraus, das vom Darwinpilz verursachte Mißwachstum liefert einen beliebten Werkstoff.

Von den Moosteppichen der Hochtäler bis zu den farbenprächtigen Mooren der Seenregion: Feuerland ist reich an botanischen Besonderheiten.

SEHENSWERTE ORTE UND NATUR-SEHENSWÜRDIGKEITEN

CABO DE HORNOS, KAP HOORN ①, liegt auf 55 Grad, 58 Minuten und 30 Sekunden südlicher Breite und 67 Grad, 17 Minuten westlicher Länge auf der felsigen *Isla Hornos*, der südlichsten Insel der Islas-Wollaston- und Islas-Hermite-Gruppen. Das Kap ist knapp 80 Kilometer von der Südspitze der Insel Navarino entfernt. Kleine chilenische Marinestation. Heute können sogar Touristen Kap Hoorn gefahrlos kennenlernen, entweder von Ushuaia aus mit einem geführten einwöchigen Segeltörn oder – für den Bruchteil des stolzen Preises – auf einem halbstündigen Rundflug.

CANAL BEAGLE ②, entstanden während der Eiszeiten, rund 180 Kilometer lang, verbindet den Atlantik mit dem Pazifik. Erst 1830 wurde der Kanal auf einer Fahrt des Forschungsschiffs «Beagle» entdeckt. Auf der zweiten Reise der «Beagle» nach Feuerland unter Kapitän Fitz Roy war der junge Naturforscher Charles Darwin an Bord, und auf dieser Fahrt gelang 1835 die Durchfahrt bis zum Westausgang und die Umrundung der *Isla Gordon*. 1881 wurde der Ostteil des Beaglekanals zur argentinisch-chilenischen Staatsgrenze. Das große Erlebnis des Beaglekanals sind die mächtigen Gletscher im chilenischen Teil, die mit Getöse direkt ins Meer «kalben». Seehunde, viele Vögel und Pinguine kann man beobachten. *4/5, 41*

CORDILLERA DARWIN (Darwinkordillere) ③, bis zu 2469 Meter hoch, eine der grandiose-

Oben: Blick über den Beaglekanal auf die Isla Hoste. – Unten: Wohnhäuser in Ushuaia.

sten Gletscherregionen der Welt, erstreckt sich rund 150 Kilometer weit im südlichen, chilenischen Teil Feuerlands. Ihre Ausläufer sind bei klarem Wetter auch von Ushuaia aus zu sehen. Wer von Punta Arenas nach Puerto Williams oder umgekehrt fliegt, hat die Chance einer großartigen Überschau über die nur schwer zugänglichen Gletscher.

ESTANCIA HARBERTON ④, östlich von Ushuaia am Beaglekanal, über Ruta 3 und Ruta J zu erreichen, ist Feuerlands älteste Schaffarm, gegründet 1886 von dem britischen Missionar Thomas Bridges, der sich um die Feuerlandindianer wie kaum ein anderer verdient gemacht hat und hier den Ureinwohnern Arbeitsmöglichkeiten abseits von kolonialüblicher Ausbeutung und

Schnaps geben wollte. Den Namen wählte Bridges nach der Heimatstadt seiner Frau. Traditionelles englisches Farmhaus (mit kleinem Museum) in vielfältig schöner, gebirgiger und wasserreicher Landschaft. Bustouren werden angeboten. Attraktion ist die Schafschur im Frühjahr. *45*

ESTANCIA SAN JUSTO ⑤, südwestlich von *Río Grande*, lädt Gäste ein, mit Familienanschluß. Schaf- und Pferdezucht sowie ein Sägewerk werden betrieben. Ausritte, Forellenangeln und auf Wunsch auch Mithilfe bei der Farmarbeit stehen auf dem Programm der Gäste (Adresse: María Cristina Mitrovich, Thornes 778).

ISLA DE LOS ESTADOS ⑥ (Staateninsel; von dem Entdecker Le Maire nach seinen heimatlichen niederländischen Staaten benannt) im Südatlantik, von der Península Mitre durch den *Estrecho de Le Maire* («Le-Maire-Straße») getrennt, ist fast menschenleer, eine urtümliche Wald- und Felsenwildnis. Ende des 19. Jahrhunderts wurde hier eine Militärstrafkolonie eingerichtet, die aber bald nach Ushuaia verlegt wurde. 1983 entdeckte die Ethnologin Anne Chapman an der Flinders Bay vorgeschichtliche Siedlungsspuren. In Ushuaia kann man Segeltörns buchen.

LAGO ESCONDIDO UND LAGO FAGNANO ⑦ sind in schöner Landschaft und mit weiten Ausblicken vom *Paso Garibaldi* (etwa 450 Meter hoch) über die Ruta 3 von Ushuaia und – mit längerer Anfahrt – auch von Río Grande aus zu erreichen. Anglerreviere, Übernachtungsmöglichkeiten. *48*

LAGO YEHUIN ⑧, 60 Kilometer südlich von Río Grande, erreichbar über Ruta F und Ruta H, ist mit seinen Vogelfelsen, Buchten und lichten Wäldern eine der lieblichsten Landschaften Feuerlands. Im Winter (Juni/Juli) hat der See zumeist eine feste Eisdecke, Guanakos sammeln sich dann auf der *Isla Guanaco*. Kleines Hotel am See.

PARQUE NACIONAL DE TIERRA DEL FUEGO ⑨, nordwestlich von Ushuaia und rund elf Kilometer von der Stadt entfernt erstreckt sich über 630 Quadratkilometer Feuerlands argentinischer Nationalpark, mit einer Vielzahl von Biotopen: Gebirgen mit Gletschern, großen Waldgebieten und Seen, Hochmooren und Küsten. Busausflüge von Ushuaia aus und Katamaranfahrten hinaus zu den Inseln werden angeboten. Am *Lago*

Roca gibt es eine Cafeteria. Von der Ensenadabucht Blick über den Beaglekanal zur Insel Navarino. An der *Bahia Lapataia* noch Siedlungsspuren der Urbevölkerung. *Laguna Negra* ist der Name eines Moorsees, um den Moosarten in reicher Vielzahl wachsen. Auch der *Lago Fagnano*, Feuerlands größter See, hat Anteil am Gebiet des Nationalparks. Die Grenze nach Chile war bei jüngsten Besuchen nur durch einen Holzzaun markiert, ein Abstecher auf chilenisches Gebiet ohne Benutzung eines offiziellen Überganges problemlos. Ranger im Park sind hilfsbereit. Mehrere Campingplätze. *12/13, 18, 20/21, 24, 25, 61*

PENÍNSULA MITRE ⑩, Feuerland noch fast unverändert so, wie es vor der Ankunft der Europäer aussah: ohne Straßen und Siedlungen, Ölfördertürme und Picknickplätze, ein rund 5000 Quadratkilometer großes Waldgelände im Osten der Insel. An den Küsten stößt man auf Schiffswracks und Seelöwen, im Innern mit etwas Glück auf Guanakos und Biber. Wer kein Pferd hat, macht sich zu Fuß auf – in jedem Fall sind Zelt und ausreichende Verpflegung mitzunehmen. Organisierte Exkursionen gibt es auch, zum Beispiel eine Woche von der *Estancia Yrigoyen* aus – wechselnd zu Fuß, zu Pferd und mit dem Segelboot die Küste entlang.

PORVENIR ⑪ ist der einzige größere chilenische Ort auf Feuerland – mit einer starken serbischen und kroatischen Minderheit unter den annähernd 5000 Einwohnern. Das spiegelt sich bis in die Speisekarten der Restaurants, aber die wahre Delikatesse ist der *Hummer*. Kleines Museum der indianischen Kultur.

PUERTO WILLIAMS ⑫ auf der Insel Navarino gilt mit annähernd 2000 Einwohnern als der südlichste dauernd bewohnte Ort der Erde (54. Grad südlicher Breite), sehen wir von den Antarktis-Stationen ab. Puerto Williams ist chilenische Marinebasis. Navarino hat eine attraktive Berglandschaft, Wälder und viele Tiere. «Totally unspoilt» («ganz unverdorben») lobt die neueste Ausgabe des «South American Handbook». Hotels verschiedener Preisklassen, Luxus-Kategorie inclusive, aber auch Privatquartiere. Wer sich für Geschichte und Erbe der Ureinwohner interessiert: In Puerto Williams ist das vorzügliche *Gusinde-Museum* der Feuerlandindianer und der Feuerland-Entdeckungsgeschichte zu finden.

Oben: Hübsches älteres Holzhaus im Zentrum von Ushuaia. – Unten: Kinder vom Ende der Welt.

PUNTA ARENAS ⑬ liegt nicht auf Feuerland, sondern jenseits der Magellanstraße auf der Halbinsel Brunswick – mit fast 100 000 Einwohnern die größte Stadt weit und breit. Stadtpaläste der reichen Großgrundbesitzer aus dem vorigen Jahrhundert erinnern an die Glanzzeit dieser einzigen Hafenstadt an der Magellanstraße. Im *Palacio Mauricio Braun-Menéndez* ist heute ein Museum dieser luxuriösen Wohnkultur eingerichtet. Erst die Fertigstellung des Panamakanals stürzte Punta Arenas in eine schwere Wirtschaftskrise. Steinkohlenbergbau und Fischindustrie haben die Stadt jedoch vor dem Ruin bewahrt, sie hat auch heute noch ihre wohlhabenden Quartiere und gute Hotels. Prächtiger Blick auf die Küste Feuerlands und die Magellanstraße von der *Avenida Independencia*.

RÍO GRANDE ⑭, kleine Hafenstadt an der Küste der Steppenebene Nord-Feuerlands, hat etwa 23 000 Einwohner, Ölfelder nördlich der Stadt, ein ausgedehntes Schlachthofgelände im Süden und neuerdings auch Auto- und Elektronikindustrie. Zwar geht die Wollproduktion zurück, manche Baumwollfarmen verfallen unaufhaltsam, aber immer noch gibt es Estancias von riesigen Ausmaßen. Zu besichtigen: die *Estancia María Behety*, rund 200 000 Hektar Fläche, besteht seit 1898, hier werden außer Schafen auch Pferde gezüchtet (Anfahrt über Ruta C). Auch das Ölfeld der *Planta Petrolera Total* kann besichtigt werden, es gibt ein bescheidenes Hotel. Eine *Casa de la Cultura* bietet sogar Theateraufführungen und das *Centro Histórico Documental* eine Sammlung von Fotografien und anderen Zeugnissen aus der Vergangenheit Feuerlands. Ein anderes kleines Museum befindet sich in der ehemaligen Salesianer-Mission, heute Landwirtschaftsschule, im vorigen Jahrhundert Zufluchtsort der letzten überlebenden Indianer. Ihre Gräber füllten den Friedhof.

USHUAIA ⑮, schön am Beaglekanal vor weitem Bergrund gelegen, ist Argentiniens südlichste Stadt – und eine der teuersten. Die 40 000-Einwohner-Stadt ist günstiger Ausgangsort für Exkursionen in den Feuerland-Nationalpark. Das *Museo Territorial*, Maipu 177, heißt auch «Museum am Ende der Welt» und zeigt Dokumente der Indianerkultur. Historisches Gefängnis *Presidio*: 1896 wollte man mit der Gründung einer Strafkolonie in Ushuaia die Besiedlung des Landes vorantreiben; die Sträflinge mußten auch Bauarbeiten leisten. Wegen der gesundheitlich unzureichenden Bedingungen wurde 1946 die Aufhebung der Haftanstalt beschlossen; sie kann während der Sommersaison besichtigt werden. Neuer Flugplatz im Bau: Der gegenwärtig benutzte erschreckt Ankömmlinge mit der kurzen, scheinbar unmittelbar ins Meer

Seite 78). Zwei Tips: erstens vom Parkplatz Laguna Negra vorbei an Biberdämmen zur Lapataiabucht, mit prächtigen Ausblicken, oder zweitens: eine Wanderung am Lago Roca entlang, die man tagelang ausdehnen kann. Die Wege sind ausgeschildert, besondere Ausrüstung ist nicht erforderlich, ein Regenschutz aber immer zu empfehlen.

Martillo im Beaglekanal und zugleich die Schaffarm Harberton besuchen (siehe Seite 78).
Ebenfalls von Ushuaia startet man zu Expeditionen nach Kap Hoorn (siehe Seite 78).

VON PUNTA ARENAS. Von der Hauptstadt der chilenischen Magellanregion aus werden

Der Río Pipo, nach den Regenfällen ein tosender Sturzbach in der grünen Wildnis des Feuerland-Nationalparks.

führenden Landebahn. Zahlreiche, in der Saison trotzdem oft vollbelegte Hotels, viele Reiseagenturen, Mietwagenverleiher – Ushuaia ist das Zentrum des Feuerland-Tourismus. Bester Rundblick vom *Glaciar Martial* (Martialgletscher) nördlich der Stadt. *26, 27, 28, 29, 30/31, 71*

AUSFLÜGE UND EXPEDITIONEN

VON USHUAIA. Ziel Nummer eins ist der *Parque Nacional de Tierra del Fuego*, für ein- oder mehrtägigen Aufenthalt, mit Möglichkeiten zu Bergwanderungen unterschiedlichen Schwierigkeitsgrades, Angeln oder Picknick in der freien Natur (siehe

Für Trekking-Fans hat der australische Verlag Lonely Planet im Jahr 1992 den Band «Trekking in the Patagonian Andes» herausgebracht.
Schiffsfahrten zur *Darwinkordillere* und ihren Gletschern werden von Ushuaia aus veranstaltet und schließen Landgänge ein (Harberton, Puerto Williams). Endpunkt Punta Arenas oder Rückfahrt nach Ushuaia (4 oder 8 Tage).
Die *Isla de los Lobos*, zu deutsch «Seelöweninsel», auch von Kormoranen und Robben bewohnt, kann wie die Vogelinsel *Isla de los Pájaros* von Ushuaia aus besucht werden (Halbtagesausflug).
In einem Tagesausflug von Ushuaia kann man die Magellanpinguine auf der Insel

Schiffsausflüge in den Chile zugehörigen Teil Feuerlands und in die Antarktis angeboten (Landverbindung nach Punta Arenas nur über die argentinischen Grenzstationen). In der *Riserva Forestal Magellanes* westlich der Stadt gute Campingmöglichkeiten und Botanikpfad.
Ausflüge von Punta Arenas in die *Antarktis* zwischen März und Oktober dauern mit dem Schiff mindestens sechs Tage; Propellerflugzeuge transportieren Touristen zu den Ellsworth Mountains in die Antarktis, mit Ski- und Bergsteigemöglichkeiten – falls Sturm oder Nebel keinen Strich durch das Programm machen. Für ein paar Dollar mehr kommt man per Flugzeug auch noch 600 Kilometer weiter bis zum *Südpol*.

Der Lago Roca im Feuerland-Nationalpark – ein Reservat der Einsamkeit und Stille.

Das Hochmoor Tierra Mayor nördlich von Ushuaia. Im Winter ist dieses Tal ein Eldorado für Skilangläufer.

Der Leuchtturm Faro les Eclaireurs im stark befahrenen Beaglekanal mit seinen zahllosen Untiefen stellt eine wichtige Orientierungshilfe dar.

Ein schroffer Fels am Ende der Welt – das sturmumtoste Kap Hoorn an der Spitze des südamerikanischen Kontinents.

Hubert Stadler, geboren 1954. Seit 1989 regelmäßige Veröffentlichungen in Reisezeitschriften und Reiseführern. Bildautor von Begegnung mit dem Horizont »Patagonien« im Verlag C. J. Bucher. Lebt in Fürstenfeldbruck bei München.

Michael Neumann-Adrian, geboren 1933. Langjähriger Chefredakteur von Westermanns Monatsheften. Zahlreiche Buchveröffentlichungen, darunter der Band »Türkei« im Verlag C. J. Bucher. Lebt als freier Journalist und Autor am Starnberger See.

TEXTNACHWEIS

Charles Darwin: Reise um die Welt. 1831–36. Hg. von Gernot Giertz.
© by Weitbrecht Verlag in K. Thienemanns Verlag, Stuttgart/Wien.
Hans-Otto Meissner: Rund um Kap Horn. Bei Wassernomaden,
Schafzüchtern und Goldsuchern auf Feuerland. München: C. Bertelsmann Verlag 1987.
Nordwind – Südwind. Mythen und Märchen der Feuerlandindianer.
Gesammelt und herausgegeben von Prof. Dr. Martin Gusinde.
Regensburg: Erich Röth Verlag (Kassel 1966).
Stefan Zweig: Magellan. Der Mann und seine Tat. Frankfurt/Main:
S. Fischer Verlag 1953.

BILDNACHWEIS

Anthropos-Institut, Sankt Augustin: S. 32 (2), 44 (5).
Archiv für Kunst und Geschichte, Berlin: S. 19 (2), 57 (2).
Bilderdienst Süddeutscher Verlag, München: S. 62 o.; Explorer, Paris: S. 64/65 o.
Arved Fuchs, Bad Bramstedt: S. 64/65 o.l., u.l. und u.r.
IFA-Bilderteam, München: S. 63, 86.
F. Laeisz Schiffahrtsgesellschaft, Hamburg: S. 62 u.
Alle übrigen Abbildungen stammen von Hubert Stadler, Fürstenfeldbruck.
Die Karte auf Seite 67 zeichnete Astrid Fischer-Leitl, München.

Wir danken allen Rechteinhabern und Verlagen für die Erlaubnis zu Nachdruck und Abbildung. Trotz intensiver Bemühungen war es aber nicht möglich, alle Rechteinhaber zu ermitteln. Wir bitten diese, sich an den Verlag zu wenden.

BEGEGNUNG MIT DEM HORIZONT · FEUERLAND · KAP HOORN

Konzeption: Axel Schenck
Lektorat: Cornelia Fischer, Susanne Kronester
Bildgestaltung: Joachim Hellmuth
Graphische Gestaltung: Barbara Markwitz
Herstellung: Angelika Kerscher

Technische Produktion: Fotosatz Ressemann, Hochstadt; Repro Ludwig, A - Zell am See;
Bentrup Druck, Bielefeld

Panorama-Spezial –
Die Exquisit-Klasse bei Bucher

Gigantische Gletscherwelt im Norden, die Rocky Mountains im Westen, die Ausläufer der Appalachen im Osten, die endlosen Ebenen der Getreidefelder und Weiden in den Prärieprovinzen, die riesigen Seengebiete im Südosten: Kanada, Traumland im hohen Norden von Amerika.
180 S., durchgehend farbig, mit hist. Bilddokumentation, mehreren Karten, geb., mit farb. Schutzumschlag.

Der Norden — nur ein Synonym für Nordkap, Mitternachtssonne und Nordlicht? Oder für skandinavisches Design, Stabkirchen und tiefsinnig-melancholische Dichtung? Was verbindet die Länder des Nordens? Was trennt sie? Die großartigen Panorama-Aufnahmen und die kenntnisreichen Texte beantworten alle Fragen.
180 S., durchgehend farbig, mit hist. Bilddokumentation, 7 Karten, geb., mit farb. Schutzumschlag.

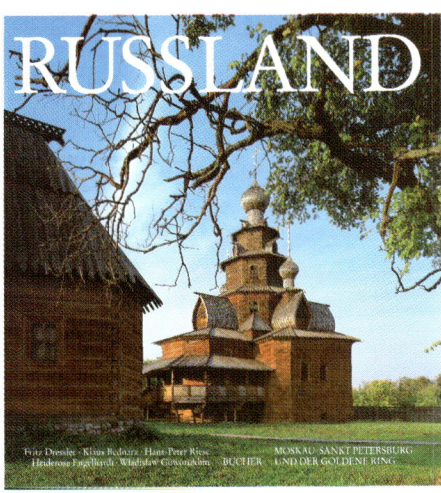

Rußland ist zur Entdeckung freigegeben: ein Land unvorstellbarer Weite, geschichtsträchtige Städte mit prachtvollen Kirchen und Klöstern, das westlich-elegante Sankt Petersburg und «Mutter Moskau», die würdige Hauptstadt. Ein Land im Umbruch, eine Kultur zwischen Traditionsverbundenheit und Weltraumbegeisterung.
180 S., durchgehend farbig, mit hist. Bilddokumentation, Karten, geb., mit farb. Schutzumschlag.

Neuseeland, Archipel aus zwei großen und mehreren ersprengten kleinen Inseln, erscheint in seiner einzigartigen Vielfalt der Landschaftsformen wie ein Modell der Welt: Endlose Küstenstriche, schneebedeckte Gipfel und Gletscher, Bergseen, Fjorde mit steil abfallenden Felsufern, Geysire und vulkanische Kraterlandschaften, Wüstenstriche und subtropische Regenwälder.
188 S., durchgehend farbig, mit hist. Bilddokumentation, 7 Karten, geb., mit farb. Schutzumschlag.

Seine Geschichte, geformt von christlicher und maurischer Kultur, hat Spanien immer entfernt vom übrigen Europa, hat den dort lebenden Menschen eine andere Sicht der Dinge gegeben. Daher ist das «Land hinter den Pyrenäen» heute immer noch für uns zu entdecken — jenseits der Klischees von Flamenco, von Stierkampf und dem sprichwörtlichen spanischen Temperament.
180 S., durchgehend farbig, mit hist. Bilddokumentation, Karten, geb., mit farb. Schutzumschlag.

Das überwältigende Gefühl, in eine Welt versetzt zu sein, die mit menschlichen Maßstäben nicht zu messen ist, überkommt jeden, der die Canyonlandschaft im Südwesten der USA erlebt. Die einzigartigen brillanten Panoramaphotographien kommen der natürlichen Wahrnehmung der großartigen Canyonlandschaft am nächsten.
180 S., durchgehend farbig, mit hist. Bilddokumentation, Karten, geb., mit farb. Schutzumschlag.

B U C H E R – M A S S T A B F Ü R B I L D B A N D Q U A L I T Ä T